일본유학시험(EJU)

모의시험 10회분
종합과목

최신! 출제경향

일본유학시험문제를 철저분석

본시험 경향에 맞춘 코치학원 오리지널 문제

권말에 빈출, 요주의 포인트를 제시한 출제의도를 수록

글로벌 인재육성, 1984년설립
(주)해외교육사업단

머 리 말

일본유학시험(EJU)은 일본의 대학에 입학을 희망하는 유학생을 대상으로 대학 등에서 필요로 하는 일본어능력 및 각 과목의 기초학력 평가를 목적으로 하는 시험으로, 연 2회 실시되고 있습니다.

일본유학시험에서는 본사가 교육현장에서 사용하고 있는 「일본유학시험 표준교과서」등에서 학습하는 기초적인 지식뿐만 아니라, 종합적인 고찰력·사고력이 필요합니다. 또한, 한정된 시간 내에 신속히 정답을 찾아내는 독해력·판단력도 요구되며, 마크시트 형식이라는 독특한 해답 형식에 익숙해질 필요도 있습니다. 이와 같은 일본유학시험에서 고득점을 얻기 위해서는, 같은 형식의 양질의 문제에 많이 접하는 것이 효과적입니다.

본 책은 위와 같은 내용에 근거하여 과거에 출제된 문제를 철저하게 연구·분석하여 제작된 모의시험입니다. 형식·내용·레벨에 있어 실제 시험에 가까운 문제가 10회분 수록되어 있으며 실전과 같은 시험에 여러번 도전할 수 있도록 되어 있습니다. 본 책을 활용함으로써 학력 향상과 더불어, 확고한 자신감을 익힐 수 있게 될 것입니다.

저희 코치학원에서는 각 교과 교재전문 스태프가 매일 교과 내용을 연구·분석하여 일본의 대학 진학을 희망하고 있는 외국인 수험생 여러분에게 도움이 되는 교재를 개발하고 있습니다.

이 「모의시험 시리즈」및 코치학원 발행의 자매도서를 철저하게 학습하여, 여러분이 꿈꾸는 미래가 펼쳐지고 많은 활약을 할 수 있기를 바라겠습니다.

한국에서 일본유학을 준비하는 여러분에게 이용의 편리함을 제공하기 위해 해외교육사업단에서 한국판을 발행하게 되었습니다.

2017년 10월

코치학원

본 책에 대하여

■일본유학시험(EJU) 「종합과목」에 대하여

　일본유학시험은 연 2회, 6월과 11월에 실시됩니다. 출제과목은 「일본어」, 「이과」(물리·화학·생물), 「종합과목」 및 「수학」입니다만, 「종합과목」과 「이과」를 동시에 선택하는 것은 불가능합니다. 「종합과목」은 문과계 학부나 학과 등에서 많이 지정되어 있습니다만, 수험할 때에는 일본의 각 대학이 지정하는 수험과목을 선택하여 수험하도록 되어 있으므로 주의해야 합니다.

　「종합과목」은 시험시간이 80분, 해답방식은 마크시트 방식으로 문제 수는 근래에는 전체 38문제가 출제되고 있습니다. 「다문화 이해의 시야에서 본 현대 세계와 일본」이라는 테마를 근간으로 한 문제가 고등학교의 학습 지도요령을 참고하면서, 정치·경제·사회를 중심으로 지리, 역사의 각 분야에서 종합적으로 출제되고 있습니다.

　또한, 「종합과목」은 출제 범위가 매우 넓은 것은 물론이며, 미시경제학이나 정치학 등 일본의 고등학교에서의 학습범위를 넘어서는 문제가 출제되는 점, 또 대학입시센터시험의 출제 내용과도 다른 경향을 보이는 점에서 「수학」등과 비교하면 대책을 세우기 어려운 특징이 있습니다.

■해답용지와 마크시트 기입 상의 주의점

　일본유학시험 「종합과목」의 해답용지는 답의 마크 부분을 연필로 까맣게 칠하는 마크시트 형식입니다. 마크 상태가 흐리면 채점되지 않기 때문에, 반드시, HB연필을 사용하여 확실히 칠하고, 정정하고 싶은 경우에는 그 마크를 지우개로 깨끗하게 지워주십시오. 정해진 장소 이외에는 기입하지 않고, 시트를 더럽히지 않도록 주의하십시오.

■본 책에 대해서

본 책은 아래와 같은 특징이 있습니다.

1. 실제「종합과목」시험과 같은 구성으로 문제를 작성하고 있습니다.

근래「종합과목」은 전체 38문제인 경우가 많으므로, 본 책도 같은 문제 수로 하고 있습니다. 또한, 역사, 지리 등 각 분야의 문제 수 배분도 실제 시험과 거의 동일하게 하고 있습니다.

2. 데이터는 문제작성 시점의 최신 것을 사용하고 있습니다.

특히, 경제분야나 지리분야에서는 최신 데이터를 아는 것이 중요합니다. 예를 들어, 일본의 무역수지 흑자가 현재도 이어지고 있다고 생각하여 시험일을 맞이하면, 치명적인 결과를 부를 수밖에 없습니다. 본 책에서는 가능한 한 최신 데이터에 기초하여 문제를 작성하고 있습니다.

3. 실제「종합과목」출제사항을 충분히 담고 있습니다.

영국의 산업혁명이나 수요곡선·공급곡선 같은, 실제 시험에서 자주 나오는 문제는 본 책에서도 많이 출제하고 있습니다. 또한, 답이 아닌 보기에도 출제 이력이 있는 사항을 많이 포함하고 있습니다. 각 보기의 내용이나 정답, 오답을 빠짐없이 확인하는 것으로, 실제 시험에 대응할 수 있는 실력이 길러질 수 있을 것입니다.

4. 실력이 높은 유학생을 위해 어려운 문제를 포함하고 있습니다.

본서의 해답 페이지에는 정답만이 아니라 난이도를 3단계로 나타내고 있습니다. 그 중에서도 난이도가 ★★★인 문제는 과거 문제의 대부분을 여유 있게 풀 수 있는 유학생을 위해 작성하였습니다. 꼭, 도전해 보세요.

5. 자기 체크시트에 결과를 기입하여 자신의 실력을 알 수 있습니다.

본 책에서는 자기 체크시트 페이지를 마련하고 있고, 각 회, 각 분야의 정답 수 등, 또한, 각 회의 정답 수 추이를 기록할 수 있게 되어 있습니다. 자신의 실력을 알기 위해 활용해 보세요.

6. 단순히 문제를 푸는 것만이 아니라, 푼 뒤에도 활용할 수 있습니다.

본 책에서는 전 10회 분, 380문제 전부에 대해 출제 의도와 그 문제의 관련사항을 나타내고 있습니다. 그러므로 단순히 문제를 푸는 것만이 아니라, 관련사항의 학습도 진행할 수 있으므로, 한층 더 실력을 향상시킬 수 있습니다.

■ **본 책의 사용법**

　본 책 10회 분의 모의시험 문제와 부록은 일본유학시험에 필요한 실력이 효율적으로 향상되도록 학습하는 데에 적합합니다.

　시험대책으로는 일본유학시험의 형식에 익숙해지는 것이 중요합니다. 시험 경향에 따른 모의시험으로 일본유학시험과 같은 시간, 같은 해답용지, 필기구를 사용하여 몰두해 봅시다. 해답 후에는 채점 결과를 분석하여 자신의 약점 분야나 부족한 지식을 파악하여 주십시오. 미숙한 분야나 약점을 중점적으로 복습하여 앞으로의 공부에 활용함으로써 보다 효과적으로 성적을 올릴 수 있습니다.

　위와 같은 흐름에 따라 본 책의 모의시험을 반복하여 풀어가면서 기초 능력에 추가하여 종합적인 고찰력이나 사고력, 한정된 시간에 해답할 수 있는 독해력이나 판단력 등, 일본유학시험에 필요한 실력이 자연스럽게 향상됩니다.

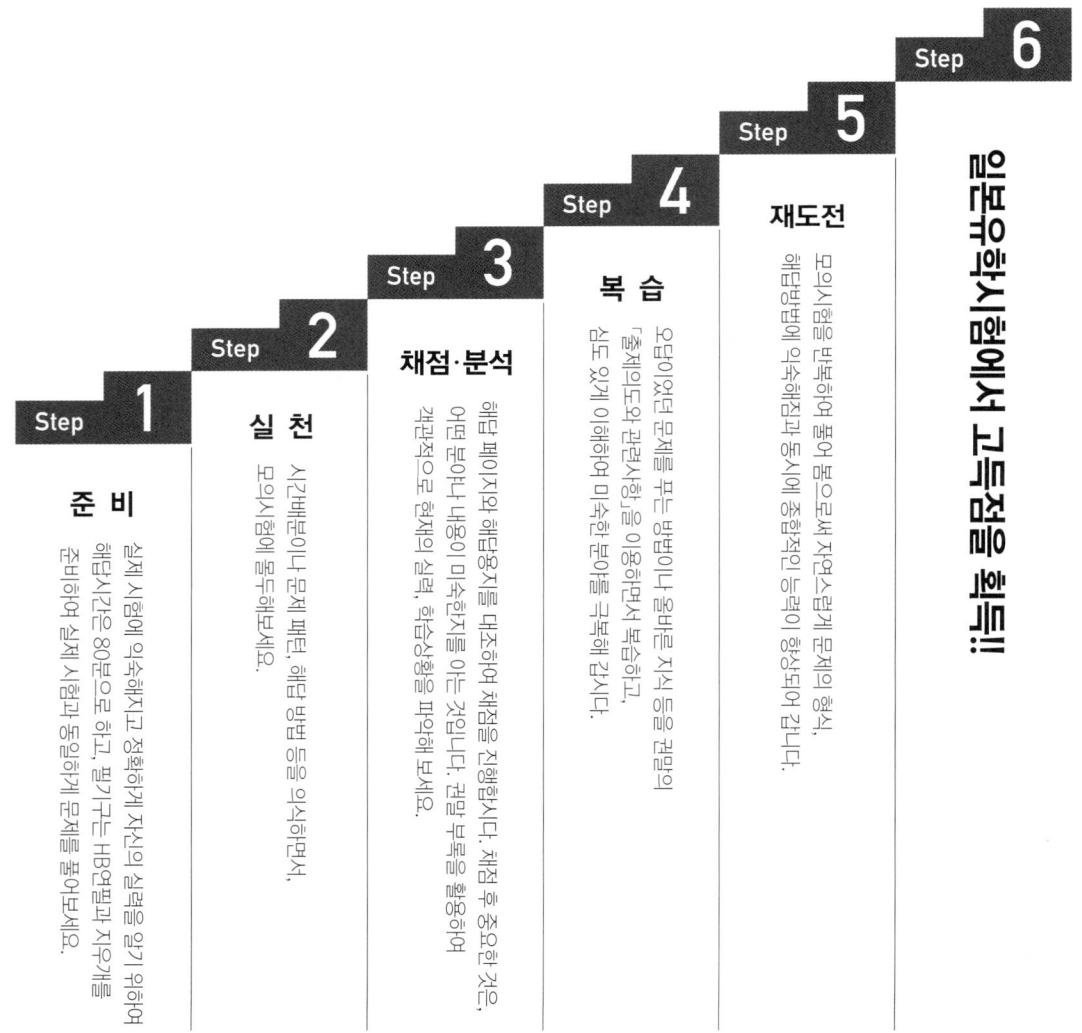

목 차

머리말 …………………………………………… 3

본 책에 대하여 ………………………………… 4

제1회　모의시험 ……………………………… 9

제2회　모의시험 ……………………………… 33

제3회　모의시험 ……………………………… 55

제4회　모의시험 ……………………………… 77

제5회　모의시험 ……………………………… 99

제6회　모의시험 ……………………………… 121

제7회　모의시험 ……………………………… 143

제8회　모의시험 ……………………………… 167

제9회　모의시험 ……………………………… 193

제10회　모의시험 …………………………… 217

해답 ……………………………………………… 241

부록 ……………………………………………… 253

    자기분석시트　　254

    학습달성표　　255

    출제의도와 관련사항　　256

    종합과목 답안지　　285

第 ① 回 模擬試験

解答時間：80分

1

問1　次の会話を読み，下の問い(1)〜(4)に答えなさい。

　　よし子：2016年6月，イギリス（UK）で₁EU（欧州連合）離脱の是非を問う₂国民投票が実施されましたね。

　　先　生：はい。結果は離脱賛成が約52％を占め，イギリスはEUを離脱することになりました。

　　よし子：この結果には驚きました。離脱派の人は，どのような考えのもとで離脱賛成に投票したのでしょうか。

　　先　生：EUに加盟する経済力の低い国からイギリスにやって来る₃移民の増加や，EUが定める規則が細かすぎるという意見が多かったようです。

　　よし子：他の₄EU加盟国でも，離脱の動きが見られると聞きました。

　　先　生：そうですね。今後の動向を，注意して見ていかなければなりませんね。

(1) 下線部1に関して，EUまたはその前身の組織に関する記述として最も適当なものを，次の①〜④の中から一つ選びなさい。　　　　　　　　　　　　　　　　　　　1

① ECSC（欧州石炭鉄鋼共同体）は，イギリス・フランス（France）・西ドイツ（West Germany）・ベネルクス（Benelux）3国の6か国を加盟国として発足した。

② EEC（欧州経済共同体）は，域内の関税率の引き上げや，域外への共通関税の設定などを通じて，域内の貿易を飛躍的に増大させた。

③ EC（欧州共同体）では，通貨統合と政治統合をめざしてマーストリヒト条約（Maastricht Treaty）が調印され，この条約の発効により，EUが発足した。

④ EU発足と同時に加盟国すべての間で通貨統合が完了し，単一通貨ユーロの紙幣と硬貨が流通している。

(2) 下線部 2 に関して，この国民投票の投票権はイギリス及びジブラルタル（Gibraltar）の有権者が有していた。ジブラルタルの位置として正しいものを，次の地図中の①〜④の中から一つ選びなさい。 **2**

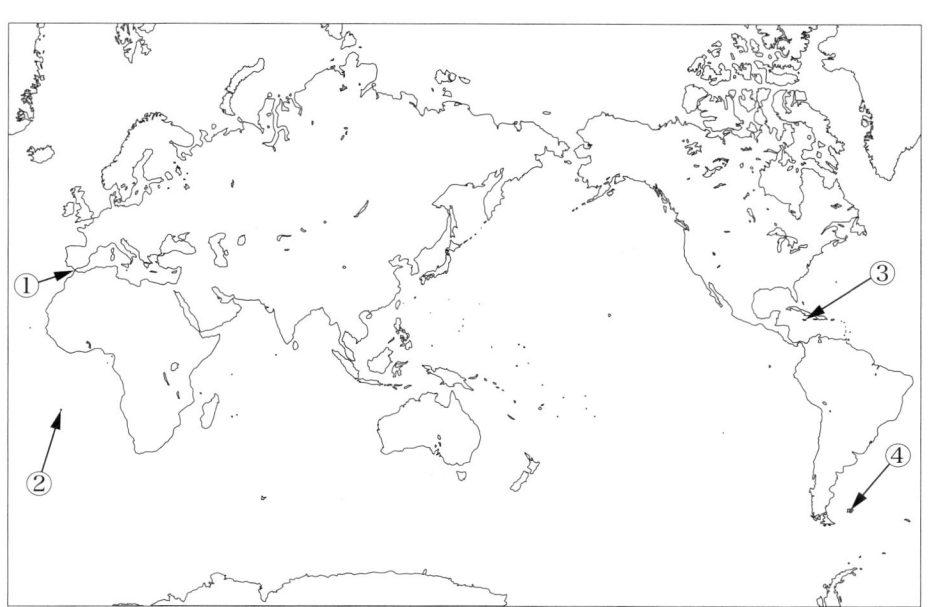

(3) 下線部**3**に関して，次のグラフは2015年時点においてアメリカ（USA）に移住している人の出身国の割合を示したものである。グラフのAに当てはまる国として最も適当なものを，下の①〜④の中から一つ選びなさい。　**3**

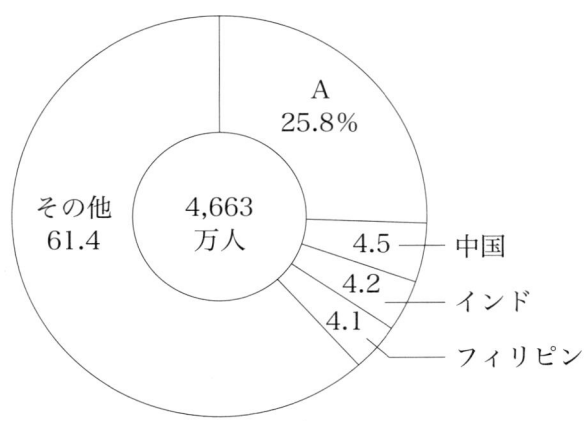

注）中国（China），インド（India），フィリピン（Philippines）
矢野恒太記念会『世界国勢図会　2016/17年版』より作成

① シリア（Syria）

② カナダ（Canada）

③ メキシコ（Mexico）

④ 日本

(4) 下線部**4**に関して，2000年以降にEUに加盟した国として正しいものを，次の①〜④の中から一つ選びなさい。　**4**

① トルコ（Turkey）

② スウェーデン（Sweden）

③ スペイン（Spain）

④ ルーマニア（Romania）

問2　次の会話を読み，下の問い(1)～(4)に答えなさい。

先　生：2015年12月，₁気候変動枠組み条約（United Nations Framework Convention on Climate Change）第21回締約国会議（COP21）において，₂京都議定書に代わる，温室効果ガス排出削減のための新たな国際枠組みの「パリ協定（Paris Agreement）」が採択されました。

よし子：どのような内容なのですか。

先　生：世界共通の長期目標として，₃産業革命前からの地球平均気温上昇を2℃に抑えるという目標を設定しました。さらに，1.5℃に抑える努力を追求することも明記されています。また，締約国は，その長期目標を達成するために，5年ごとに目標を提出しなければなりません。

よし子：歴史的な合意ですね。パリ協定はもう発効しているのですか。

先　生：はい。パリ協定が発効するには，55か国及び世界の排出量の55％を超える国の₄批准が必要でしたが，2016年11月にその条件が満たされ，発効に至りました。条約の理念を実現するために，各国の努力に期待したいですね。

(1) 下線部1に関して，気候変動枠組み条約以外にも，複数の環境保護に関する条約が結ばれている。環境保護に関する条約に関する記述として最も適当なものを，次の①～④の中から一つ選びなさい。　5

①　ラムサール条約（Ramsar Convention）は，生物資源の持続可能な利用と，遺伝資源の利用から得られる利益の公正な分配とを図ることを目的とする。

②　モントリオール議定書（Montreal Protocol）では，野生動植物の保護を目的として国際取引を規制している。

③　ワシントン条約（Washington Convention）は，水鳥の生息地として国際的に重要な湿地とその動植物の保全を目的とする。

④　バーゼル条約（Basel Convention）では，水銀（mercury）やカドミウム（cadmium）などの有害廃棄物の輸出入を規制している。

(2) 下線部2に関して，京都議定書に関する記述として最も適当なものを，次の①〜④の中から一つ選びなさい。　6

① 共同実施，クリーン開発メカニズム，国際排出権取引が規定されており，これらは京都メカニズムと呼ばれている。
② 先進国だけでなく，発展途上国も温室効果ガスの削減義務を負うことが定められた。
③ 日本の温室効果ガスの削減割合目標は，締約国の中で一番高い値であった。
④ ロシア（Russia）は京都議定書を批准していない。

(3) 下線部3に関して，イギリスの産業革命に関する記述として最も適当なものを，次の①〜④の中から一つ選びなさい。　7

① イングランド（England）中北部に位置する都市グラスゴー（Glasgow）を中心として，綿工業の分野で始まった。
② 機械化への抵抗として，職人や労働者により第一インターナショナル（First International）が結成された。
③ 石油を燃料とする製鉄法の開発により，重化学工業が発展した。
④ 紡績機や力織機などの動力として蒸気機関が利用され，生産の効率を高めた。

(4) 下線部4に関して、日本の条約締結の手続きに関する次の文章中の空欄 a ，b に当てはまる語の組み合わせとして最も適当なものを、下の①〜④の中から一つ選びなさい。 8

　 a は条約の締結権を持つが、条約を批准するためには、事前あるいは事後の b の承認を必要とする。

	a	b
①	国会	内閣
②	国会	最高裁判所
③	内閣	国会
④	内閣	最高裁判所

問3　次のグラフは、ある財の完全競争市場における需要曲線DDと供給曲線SSとを示したものである。この財を生産するために使用する原材料の価格が上昇したときに生じる変化に関する記述として最も適当なものを、下の①〜④の中から一つ選びなさい。 9

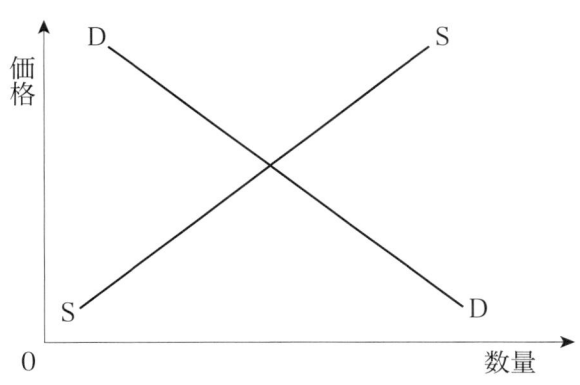

① 需要曲線が右上にシフトし、財の価格が上がる。
② 需要曲線が左下にシフトし、財の価格が下がる。
③ 供給曲線が左上にシフトし、財の価格が上がる。
④ 供給曲線が右下にシフトし、財の価格が下がる。

問4 次の表は，X国とY国が毛織物とワインをそれぞれ1単位生産するときに必要な労働量を人数で示したものである。ただし，これらの生産には労働しか用いられないとする。この場合での比較生産費説の考え方として最も適当なものを，下の①〜④の中から一つ選びなさい。　10

	毛織物	ワイン
X国	100人	120人
Y国	90人	80人

① 両国が両財を生産し続けた上で，X国がワインをY国へ輸出すべきである。
② X国はワイン生産に特化し，Y国は毛織物生産に特化して，それぞれのもう片方の財は相手国から輸入すべきである。
③ 両国が両財を生産し続けた上で，Y国が毛織物をX国へ輸出すべきである。
④ X国は毛織物生産に特化し，Y国はワイン生産に特化して，それぞれのもう片方の財は相手国から輸入すべきである。

問5 企業者が失敗を恐れずに，それまでにはなかった新しい組織，技術，生産方法などをとり入れていくことを「イノベーション」と呼んだ経済学者として正しいものを，次の①〜④の中から一つ選びなさい。　11

① マーシャル（Alfred Marshall）
② トービン（James Tobin）
③ シュンペーター（Joseph Schumpeter）
④ マルクス（Karl Marx）

問6 インフレーションとデフレーションの影響に関する記述として最も適当なものを，次の①～④の中から一つ選びなさい。 12

① インフレーションは通貨の価値が下がるので，消費や投資は減少する。
② インフレーションになると，年金や預貯金で暮らす高齢者の生活が困難になる。
③ デフレーションになると，商品の価格が安くなるため，好況になる。
④ デフレーションになると，企業の債務負担が実質的に軽くなる。

問7 日本銀行の金融政策に関する記述として最も適当なものを，次の①～④の中から一つ選びなさい。 13

① 日本銀行は，財務省の指揮監督のもとで金融政策を行っている。
② 基準割引率および基準貸付利率（かつての公定歩合）の操作は，金利の自由化が進んだ現在では，役割が減少している。
③ 預金準備率操作は，現在でも頻繁に行われている。
④ 公開市場操作では，不況期には国債や社債を売却する。

問8 次のグラフは，円の対ドル為替レートの推移を示したものである。グラフ中のA〜Dの時期に起きた出来事に関する記述として最も適当なものを，下の①〜④の中から一つ選びなさい。 14

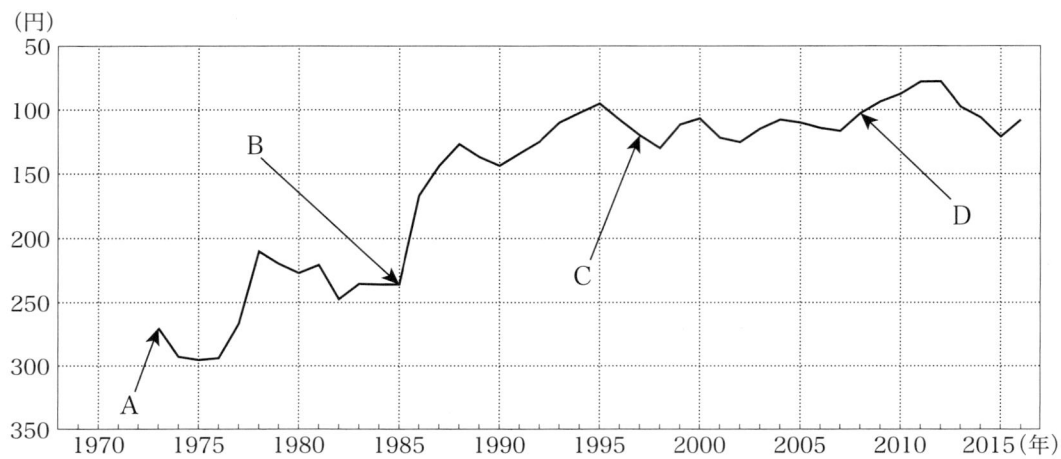

注）縦軸の「円」は，東京外国為替市場でのドル当たり円のことである。
日本銀行ウェブサイトより作成

① Aの時期には，第2次石油危機（Oil Crisis）が起こった。

② Bの時期には，サミット（先進国首脳会議）が始まった。

③ Cの時期には，アジア（Asia）通貨危機が起こった。

④ Dの時期には，ニクソン・ショック（Nixon Shock）が起こった。

問9 同一業種の複数の企業が価格や生産量などについて協定を結ぶことを何というか。最も適当なものを，次の①〜④の中から一つ選びなさい。 15

① コングロマリット（conglomerate）

② トラスト（trust）

③ ステークホルダー（stakeholder）

④ カルテル（cartel）

問10 次の文章中の空欄 a ～ c に当てはまる語の組み合わせとして最も適当なものを，下の①～④の中から一つ選びなさい。 16

　100万円を運用する。現在の為替レートは1ドル＝100円とする。このとき，アメリカに投資することにした場合，現在の為替レートでは100万円は a ドルと交換できる。アメリカの1年当たりの金利を5％とすると，この a ドルの投資により1年後に b ドルの利子が得られる。

　ただし，このような海外での資産運用には，為替レートによって収益が変動するというリスクがある。1年後の為替レートが1ドル＝60円の場合， a ドルの運用から得られる利子は c 円となり，1ドル＝100円の時よりも少なくなる。このように，海外における1年間の資産運用から得られる収益は1年後の為替レートによって変動する。

	a	b	c
①	1万	50	8万
②	1万	500	3万
③	1億	50	8万
④	1億	500	3万

問11 世界の社会保障制度の発展に関する記述として最も適当なものを，次の①～④の中から一つ選びなさい。 17

① 公的扶助のはじまりは，17世紀前半にドイツ（Germany）で制定された救貧法に求めることができる。

② 社会保険制度のはじまりは，19世紀後半にビスマルク（Otto von Bismarck）によって創設されたイギリスの社会保険制度に求めることができる。

③ アメリカでは，ニューディール（New Deal）政策の一環として制定された社会保障法に基づいて，国民皆保険制度が実現した。

④ イギリスでは，ベバリッジ報告（Beveridge Report）の理念に基づき，第二次世界大戦後にナショナル・ミニマムの保障をめざす社会保障制度が整備されていった。

問12 次の表は，主な植物油脂であるオリーブ油，パーム油，大豆油，なたね油について，2013年における生産量上位5か国を示したものである。オリーブ油に当てはまるものとして最も適当なものを，下の①～④の中から一つ選びなさい。 18

	A	B	C	D
1位	インドネシア	スペイン	中国	中国
2位	マレーシア	イタリア	ドイツ	アメリカ
3位	タイ	ギリシャ	カナダ	ブラジル
4位	ナイジェリア	チュニジア	インド	アルゼンチン
5位	コロンビア	トルコ	フランス	インド

注） インドネシア (Indonesia)，マレーシア (Malaysia)，タイ (Thailand)，ナイジェリア (Nigeria)，コロンビア (Colombia)，イタリア (Italy)，ギリシャ (Greece)，チュニジア (Tunisia)，ブラジル (Brazil)，アルゼンチン (Argentina)

矢野恒太記念会『世界国勢図会 2016/17年版』より作成

① A
② B
③ C
④ D

問13 よし子さんは，日本時間の8月1日午前8時にロサンゼルス（Los Angeles）に住む友人に電話をかけた。よし子さんが電話した時点のロサンゼルスにおける日時として最も適当なものを，次の①～④の中から一つ選びなさい。なお，ロサンゼルスの標準時子午線は西経120度であり，サマータイムが適用されていた。　19

① 7月31日午後3時
② 7月31日午後4時
③ 8月2日午前0時
④ 8月2日午前1時

問14 北極圏に領土を持つ国として正しいものを，次の①～④の中から一つ選びなさい。　20

① デンマーク（Denmark）
② イギリス
③ エストニア（Estonia）
④ モロッコ（Morocco）

問15 次の地図は，東京を中心に東京からの距離と方位が正しくなるように作られている。この地図のAの都市について説明した，下の文章中の空欄 a , b に当てはまる語の組み合わせとして最も適当なものを，下の①〜④の中から一つ選びなさい。

21

Aの都市は，東京から見た場合，おおよそ a の方位にあり，東京からAの都市までのおおよその直線距離は， b である。

	a	b
①	北西	2,500km
②	南西	5,000km
③	北東	10,000km
④	南東	15,000km

問16　次の表は，2013年における水力発電，風力発電，地熱発電の発電量が多い上位5か国を示したものである。表中のAに当てはまる国として最も適当なものを，下の①～④の中から一つ選びなさい。 22

	水力発電	風力発電	地熱発電
1位	中国	A	A
2位	カナダ	中国	フィリピン
3位	ブラジル	スペイン	インドネシア
4位	A	ドイツ	ニュージーランド
5位	ロシア	インド	メキシコ

注）ニュージーランド（New Zealand）
矢野恒太記念会『世界国勢図会　2016/17年版』より作成

① 日本
② イギリス
③ アメリカ
④ アルゼンチン

問17　日付変更線に関する記述として最も適当なものを，次の①～④の中から一つ選びなさい。 23

① 日付変更線は，東経90度の線に沿って定められたものである。
② 日付変更線が移動されたことは，一度もない。
③ 日付変更線を西から東にまたぐ場合は，日付を1日戻す。
④ マゼラン（Ferdinand Magellan）の世界一周航海の生き残りの乗組員がスペインに到着したとき，彼らが記録していた日付は，スペインの日付より1日進んでいた。

問18 次の表は，2014年末における産業用ロボットの稼働台数の上位5か国を示したものである。表中のA～Dに当てはまる国の組み合わせとして最も適当なものを，下の①～④の中から一つ選びなさい。 24

	国名	稼働台数（台）
1位	A	295,829
2位	B	219,434
3位	C	189,358
4位	韓国	176,833
5位	D	175,768

注）韓国（South Korea）
矢野恒太記念会『世界国勢図会　2016/17年版』より作成

	A	B	C	D
①	日本	アメリカ	中国	ドイツ
②	日本	アメリカ	ドイツ	中国
③	アメリカ	日本	中国	ドイツ
④	アメリカ	日本	ドイツ	中国

問19 法の支配（rule of law）に関する記述として最も適当なものを，次の①～④の中から一つ選びなさい。　25

① コーク（Edward Coke）は，コモン・ロー（Common Law）の伝統を重視し，国王といえども法に従わなくてはならないと主張した。
② ボーダン（Jean Bodin）は，国王の絶対的支配を否定し，権力分立に基づく国家権力の抑制の必要を説いた。
③ マグナ・カルタ（Magna Carta）は，統治者が自らの意思で定めた法による支配が有効であることを示した。
④ アメリカやドイツにおける法の支配は，イギリスで発達した法治主義（rule by law）と比べ，成文法重視の思想であった。

問20 基本的人権の公共の福祉による制約の具体例として**適当でないもの**を，次の①～④の中から一つ選びなさい。　26

① プライバシー権を保障するための雑誌出版の差止め
② 隣接家屋の被害を防止するための倒壊する恐れのある建物の改修命令
③ 公務員の労働基本権の制限
④ 母子家庭に対する医療費の援助

問21 諸外国の政治制度に関する記述として最も適当なものを，次の①～④の中から一つ選びなさい。　27

① イギリスの議会の議員は，上院・下院ともに有権者の直接選挙により選出される。
② フランスでは大統領と首相がそれぞれ有権者から直接選挙により選出される半大統領制（semi-presidential system）が採用されている。
③ アメリカの大統領選挙は，有権者の投票に基づき各州の大統領選挙人が大統領を選出する間接選挙制によって行われる。
④ ロシアでは，連邦議会が大統領を任命し，大統領が首相を任命する。

問22 議院内閣制に関する記述として最も適当なものを，次の①～④の中から一つ選びなさい。　28

① 議院内閣制のもとでは，内閣は国会議員と軍人によって構成されなければならない。
② 議院内閣制では，首相は国会で最大の議席を持つ党から選出されなければならない。
③ 議院内閣制の国では，首相が議会を解散する権限を持たないのが一般的である。
④ 議院内閣制の国では，議会が内閣不信任決議権を持っている。

問23 選挙制度の一般的な特徴に関する記述として最も適当なものを，次の①～④の中から一つ選びなさい。　29

① 大選挙区制では，二大政党以外の政党は議席を獲得できない。
② 小選挙区制のもとでは，単独政権は成立しない。
③ 小選挙区制は，大選挙区制よりも死票が少なくなる。
④ 比例代表制のもとでは，得票数に応じた公平な議席配分が可能になる。

問24 集団安全保障制度に不可欠な要素として最も適当なものを，次の①～④の中から一つ選びなさい。　30

① 敵対関係にある国を除くすべての国が参加すること
② 侵略国に対して集団的に制裁を加えること
③ 大国の間で軍事力の均衡が図られること
④ 核兵器の自国への持ち込みを拒絶すること

問25 冷戦期の出来事に関する記述として最も適当なものを，次の①～④の中から一つ選びなさい。　31

① イギリスのチャーチル（Winston Churchill）は，ソ連（USSR）が「鉄のカーテン」をおろしてヨーロッパ（Europe）を分断させようとしている，と批判する演説を行った。
② アメリカがベルリン（Berlin）を東西で分断したことから，ドイツが東西に分裂した。
③ ソ連は西側に対抗して，コミンフォルム（Cominform）を結成し，OECD（経済協力開発機構）を設立した。
④ 西側がワルシャワ条約機構（Warsaw Treaty Organization）を設立したのに対抗して，東側はNATO（北大西洋条約機構）を設立した。

問26 生命倫理の分野で重要視されている「インフォームド・コンセント（informed consent）」の説明として最も適当なものを，次の①～④の中から一つ選びなさい。　32

① 医師が威圧的な態度をとって，自らの治療方針に患者を従わせることである。
② 患者が医師から症状や治療の内容について十分な説明を受け，それを理解した上で，治療方針を自ら選ぶことである。
③ 医師が，末期患者の苦痛を取り去るように努力することである。
④ 患者が深刻な病気であることを，医師が家族にのみ告知することである。

問27 ウィーン（Vienna）体制に関する記述として最も適当なものを，次の①〜④の中から一つ選びなさい。　33

① ローマ教皇（Pope）は，キリスト教的友愛主義に基づく神聖同盟（Holy Alliance）の結成を提唱した。
② フランスは，共和政をめざして正統主義を掲げた。
③ オーストリア（Austria）の宰相メッテルニヒ（Klemens von Metternich）の主導により作られた，復古的な国際秩序である。
④ ウィーン議定書（Vienna Protocol）において，イタリアの統一国家の樹立が認められた。

問28 19世紀におけるアフリカ（Africa）の植民地化に関する記述として最も適当なものを，次の①〜④の中から一つ選びなさい。　34

① リベリア（Liberia）では，イギリスに対して，イスラーム教徒（Muslim）による反乱が起こった。
② アルジェリア（Algeria）は，ドイツの植民地になった。
③ エチオピア（Ethiopia）は，イタリアの植民地になった。
④ フランスのアフリカ横断政策とイギリスの縦断政策が衝突し，ファショダ事件（Fashoda Incident）が起こった。

問29 第一次世界大戦と各国の関わりに関する記述として最も適当なものを，次の①〜④の中から一つ選びなさい。　35

① ブルガリア（Bulgaria）は独立を達成するために，ドイツに協力した。

② 日本は日英同盟（Anglo-Japanese Alliance）に基づいて参戦し，中国にあったドイツの租借地を攻撃した。

③ オスマン帝国（Ottoman Empire）は，マルヌ（Marne）の戦いでフランスに勝利した。

④ アメリカは，イギリス・フランスと三国協商（Triple Entente）を締結していたため，連合国（協商国）の側に立って参戦した。

問30　次の文章を読み，下の問い(1),(2)に答えなさい。

　関東地方の北部は，官営模範工場として富岡(とみおか)製糸場が群馬県に建設されるなど製糸業が盛んであった。1880年代には日本鉄道会社により鉄道が東京から関東地方の北部にまで開通し，　a　の輸出を促進した。また，この年代の　a　の最大の輸出相手国は，　b　となった。

(1) 上の文章中の空欄　a　に入る語として最も適当なものを，次の①～④の中から一つ選びなさい。　36

① 生糸（raw silk and silk yarn）
② 海産物
③ 軍艦
④ 石炭

(2) 上の文章中の空欄　b　に入る国として正しいものを，次の①～④の中から一つ選びなさい。　37

① イギリス
② 中国
③ アメリカ
④ インド

問31 明治時代の日本に関する出来事A〜Dを年代順に並べたものとして正しいものを，下の①〜④の中から一つ選びなさい。

A 内閣制度の創設
B 関税自主権の回復
C 大日本帝国憲法の発布
D 岩倉使節団の派遣

① A→C→B→D
② B→A→D→C
③ C→D→A→B
④ D→A→C→B

第 ② 回 模擬試験

解答時間：80分

問1 次の会話を読み，下の問い(1)～(4)に答えなさい。

よし子：2015年３月に，₁北陸新幹線が開業しましたね。

先　生：はい。東京－₂金沢間が最速２時間28分で結ばれました。

よし子：金沢には，兼六園(けんろくえん)をはじめとして名所がたくさんありますね。兼六園で見た₃紅葉は，今でも忘れられません。

先　生：よい思い出ができましたね。そのような名所を多くの観光客がまわることで，金沢だけでなく，その周辺にも高い経済効果がもたらされると言われています。

よし子：金沢への₄企業の進出も期待できますね。

先　生：そうですね。北陸新幹線の開業が，日本経済を活性化させる一つの起爆剤になるとよいですね。

(1) 下線部1に関して，北陸新幹線の路線として最も適当なものを，次の地図中の①〜④の中から一つ選びなさい。 1

(2) 下線部 2 に関して，金沢の雨温図として最も適当なものを，次の①～④の中から一つ選びなさい。　2

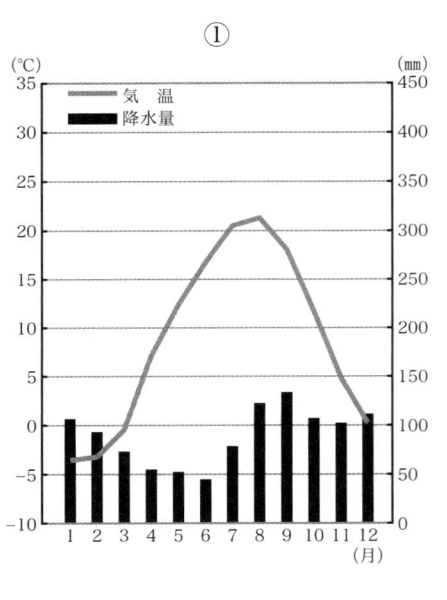
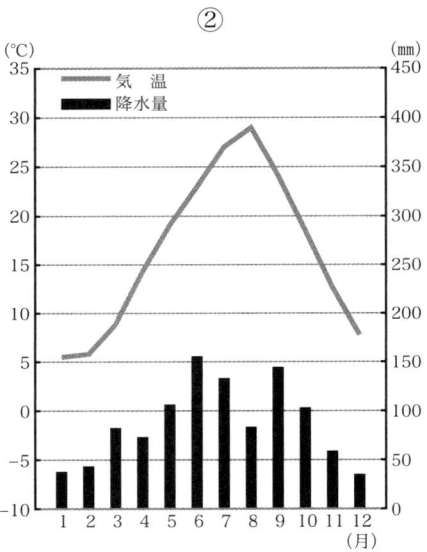
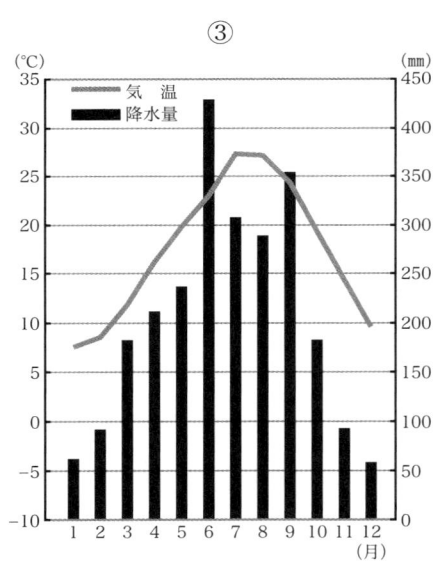
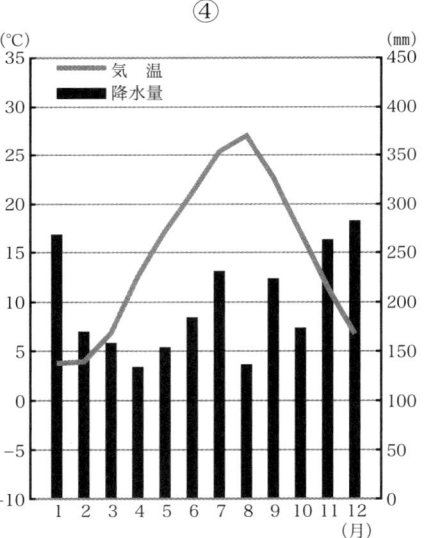

国立天文台『理科年表　平成29年』より作成

(3) 下線部3に関して，日本列島の植生について説明した次の文章中の空欄 a ～ c に当てはまる語の組み合わせとして最も適当なものを，下の①～④の中から一つ選びなさい。 3

温帯から亜寒帯にかけての地域における日本の植生は，気温条件などの変化に伴い，山岳地域を除くと南から北に向かって， a → b → c と変化する。

	a	b	c
①	照葉樹林	針葉樹林	落葉広葉樹林
②	照葉樹林	落葉広葉樹林	針葉樹林
③	落葉広葉樹林	照葉樹林	針葉樹林
④	落葉広葉樹林	針葉樹林	照葉樹林

(4) 下線部4に関して，株式会社に関する記述として最も適当なものを，次の①～④の中から一つ選びなさい。 4

① 株式会社の株主は，有限責任である。
② 法人は，株式会社の株主になることはできない。
③ 株主総会におけるすべての決議において，株主一人につき一票の議決権が与えられる。
④ 株式会社の最高意思決定機関は取締役会であり，取締役は株主総会で選出される。

問2 次の文章を読み，下の問い(1)～(4)に答えなさい。

₁シンガポール（Singapore）の「建国の父」と呼ばれるリー・クアンユー（Lee Kuan Yew）元首相が2015年3月，死去した。1965年に独立して以降，元首相は，₂東南アジア（Southeast Asia）の中心，マラッカ海峡（Strait of Malacca）の交通の要衝としての立地を活かし，外国から₃強権的と批判されながらも，国内の法を整備し，多くの外国企業を誘致するなどして，シンガポールの経済発展を実現させた。2014年現在，シンガポールの₄一人当たりGNI（国民総所得）は，5万ドルを上回るまでになっている。

(1) 下線部1に関して，シンガポールは海峡植民地の一部であったが，19世紀にこの地域を支配していた国として正しいものを，次の①～④の中から一つ選びなさい。 **5**

① ポルトガル（Portugal）
② アメリカ（USA）
③ フランス（France）
④ イギリス（UK）

(2) 下線部2に関して，東南アジアの国と，その国でプランテーションによって生産されている主な農産物の組み合わせとして最も適当なものを，次の①～④の中から一つ選びなさい。 **6**

	国名	農産物
①	カンボジア	天然ゴム
②	ベトナム	ココやし
③	タイ	バナナ
④	インドネシア	油やし

注） カンボジア (Cambodia), ベトナム (Viet Nam), タイ (Thailand), インドネシア (Indonesia), ココやし (coconut palm), 油やし (oil palm)

(3) 下線部3に関して，次の文章中の空欄 a に当てはまる語として最も適当なものを，下の①～④の中から一つ選びなさい。　7

　第二次世界大戦後の東アジア（East Asia）・東南アジア諸国やラテンアメリカ（Latin America）諸国には，国民の政治的自由を制限する一方で，外国の資本を導入して経済成長をめざす a と呼ばれる政治体制がとられている国があった。

注）ラテンアメリカ（Latin America）は，カリブ海諸国，中央アメリカ及び南アメリカを指す。

① 全体主義
② 開発独裁
③ 単独行動主義
④ 僭主制

(4) 下線部4に関して，2014年の一人当たりGNIが1,025ドル以下の低所得国として正しいものを，次の①～④の中から一つ選びなさい。　8

① ボリビア（Bolivia）
② ウガンダ（Uganda）
③ ルクセンブルク（Luxembourg）
④ モンゴル（Mongolia）

問3 景気循環に関する記述として最も適当なものを，次の①〜④の中から一つ選びなさい。 9

① コンドラチェフの波（Kondratieff cycles）は，40か月程度を周期とする景気循環であり，在庫調整が原因で起こると考えられている。
② ジュグラーの波（Juglar cycles）は，10年程度を周期とする景気循環であり，設備投資が原因で起こると考えられている。
③ キチンの波（Kitchin cycles）は，20年程度を周期とする景気循環であり，工業施設の建築需要が原因で起こると考えられている。
④ クズネッツの波（Kuznets cycles）は，50年程度を周期とする景気循環であり，画期的な技術革新を契機に起こると考えられている。

問4 公共財に関する記述として最も適当なものを，次の①〜④の中から一つ選びなさい。 10

① 対価を支払わない人を，公共財の消費から排除できない。
② 生産を拡大すればするほど，1単位当たりの生産費用が増加する。
③ 公共財は財源が租税であるから，その国の国民だけが消費できる。
④ 食料はすべての人に共通に必要とされるから，公共財である。

問5 外国為替相場の長期的な水準は，各国の通貨でどれだけのものが買えるか，つまり，購買力によって決まるという考え方を，購買力平価説という。ここで，全く同じハンバーガーが，アメリカでは1個0.8ドルで売られており，日本では160円で売られているとする。この場合，ハンバーガーだけで計測した，円のドルに対する購買力平価による為替レートは何円になるか。最も適当なものを，次の①〜④の中から一つ選びなさい。 11

① 80円
② 128円
③ 200円
④ 320円

問6 累進課税制度に関する記述として最も適当なものを，次の①～④の中から一つ選びなさい。　12

① 累進課税制度は，課税対象額が低くなるほど税率が上昇するという特徴を持つ。
② 日本の相続税は，課税対象となる相続財産額が小さい人ほど，高い税率が適用されるので，累進課税制度が採用されていると言える。
③ 日本の消費税は，消費額の大きい人ほど多くの税を負担するので，累進課税制度が採用されていると言える。
④ 日本の所得税は累進課税制度を採用しているため，所得再分配効果がある。

問7 外部不経済（negative externalities）を発生させる者とその影響を受ける者のどちらに権利があるのかがあらかじめ定まっており，両者の間で行われる交渉に費用が一切かからないのであれば，市場での資源配分と似た方法で社会的利益にかなった問題解決がなされるという考え方がある。次の文章は，この考え方について具体的に説明したものである。文章中の空欄　a　～　d　に当てはまる語の組み合わせとして最も適当なものを，下の①～④の中から一つ選びなさい。　13

　ある企業の排出する煤煙（ばいえん）で年間1億円の被害が近隣の住民に生じるとする。一方，煤煙を防止する機械を設置して使うとすると，企業に1年当たり5,000万円の費用がかかるとする。このとき，上の考え方によれば，当事者間の交渉により，必ず煤煙を防止する機械の設置・使用が実現することになる。企業がその地で操業する権利をもともと持っていれば，住民は企業に年間　a　の補償金を支払い，機械を設置・使用してもらって　b　の被害を防止するであろうし，逆に，住民が静かな環境で暮らす権利を持っていれば，企業は　c　分の被害補償額の代わりに，　d　で機械を設置して使用するであろう。

	a	b	c	d
①	5,000万円	1億円	1億円	5,000万円
②	5,000万円	1億円	5,000万円	1億円
③	1億円	5,000万円	1億円	5,000万円
④	1億円	5,000万円	5,000万円	1億円

問8　国際収支に関する記述として最も適当なものを，次の①〜④の中から一つ選びなさい。　14

① 第一次所得収支には，食料や医薬品などの消費財に関する無償援助など，対価を伴わない資金移動が含まれる。
② 第二次所得収支は，非居住者に支払われる雇用者報酬や海外への投資収益の受け取りから海外への支払いを差し引いたものである。
③ 金融収支には，証券投資や海外での企業の設立などに伴う資本の移動や，中央銀行などの通貨当局が保有する外国通貨や金などが含まれる。
④ 日本の資本移転等収支は，日本から海外に行く旅行者が海外から日本に来る旅行者より多いことなどから赤字基調となっている。

問9　国債に関する記述として最も適当なものを，次の①〜④の中から一つ選びなさい。　15

① 歳出総額に占める公債費の割合が大きくなると，政府の自由に使える経費が少なくなり，財政の硬直化が起こる。
② 政府が国債を発行すると金融市場の資金を吸収することになり，金利が下がり，企業が資金を調達することが容易になるという考え方がある。
③ すでに発行された国債を償還するために，国債を発行することはできない。
④ 債務残高の対GDP（国内総生産）比が100％を超えた国は，国債を発行することができない。

問10 経済学者とその学説に関する記述として最も適当なものを，次の①～④の中から一つ選びなさい。 16

① マルクス（Karl Marx）は，大量生産・大量販売体制が確立された社会では，企業の広告や宣伝によって消費者の欲望が作り出されると指摘した。

② アダム・スミス（Adam Smith）は，「見えざる手」によって，社会全体の調和が図られ，利益が増大すると説いた。

③ フリードマン（Milton Friedman）は，自由放任主義を批判し，不況の原因は有効需要の不足であるとして，政府による積極的な財政・金融政策の必要性を主張した。

④ ケインズ（John Maynard Keynes）は，資本主義社会には，資本家が労働者を搾取することによる階級対立が存在するために，不安定化は避けられないと主張した。

問11 通貨制度に関する記述として最も適当なものを，次の①～④の中から一つ選びなさい。 17

① 金本位制のもとでは，一国の通貨量は中央銀行の保有する金の量に拘束されることになる。

② 管理通貨制度では，政府が公開市場操作を行うことにより通貨供給量を増減させる。

③ 日本は，高度経済成長の終結とともに，金本位制度から離脱した。

④ アメリカは，金・ドル交換停止を行ったことを契機として，管理通貨制度を採用した。

問12　為替相場に関する協定や合意を古いものから年代順に並べたものとして正しいものを，次の①〜④の中から一つ選びなさい。　[18]

① キングストン合意→プラザ合意→ルーブル合意→スミソニアン協定
② キングストン合意→スミソニアン協定→プラザ合意→ルーブル合意
③ スミソニアン協定→プラザ合意→ルーブル合意→キングストン合意
④ スミソニアン協定→キングストン合意→プラザ合意→ルーブル合意

注）キングストン合意（Kingston Agreement），プラザ合意（Plaza Accord），
　　ルーブル合意（Louvre Accord），スミソニアン協定（Smithsonian Agreement）

問13　次の表は，2015年におけるエネルギー資源の可採年数を示したものである。表中のエネルギー資源A〜Dの組み合わせとして最も適当なものを，下の①〜④の中から一つ選びなさい。　[19]

	可採年数
A	51年
B	53年
C	114年
D	90年以上

二宮書店編集部『データブック　オブ・ザ・ワールド　2017年版』より作成

	A	B	C	D
①	石炭	ウラン	石油	天然ガス
②	ウラン	石炭	天然ガス	石油
③	石油	天然ガス	石炭	ウラン
④	天然ガス	石油	ウラン	石炭

問14 自然的国境の一つに，湖沼国境がある。レマン湖（Lake Geneva）は，どの国とどの国の国境を構成しているか。最も適当なものを，次の①〜④の中から一つ選びなさい。 20

① フランスとスイス（Switzerland）
② タイとラオス（Laos）
③ インド（India）とバングラデシュ（Bangladesh）
④ ルーマニア（Romania）とブルガリア（Bulgaria）

問15 陸半球と水半球に関する記述として最も適当なものを，次の①〜④の中から一つ選びなさい。 21

① 陸半球の中心は，アメリカにある。
② 陸半球では，陸地と海洋の面積比はほぼ1対2である。
③ 水半球の中心は，インド洋にある。
④ 水半球では，陸地と海洋の面積比はほぼ1対9である。

問16 メルカトル図法の説明として最も適当なものを，次の①〜④の中から一つ選びなさい。 22

① 緯線が，高緯度ほど間隔が広くなる平行線で表される図法である。
② 図の中心からの距離と方位が正しく表される図法である。
③ 経線は平行であり，面積の比が正しく表される図法である。
④ 低緯度と高緯度で異なる図法を用い，二つの図法を接合して表した図法である。

問17　回帰線に関する記述として最も適当なものを，次の①〜④の中から一つ選びなさい。

23

① 本初子午線と南回帰線の交点は，太平洋上に位置している。
② 南回帰線と北回帰線との間の地域の多くには，熱帯が分布している。
③ 日本の鹿児島県の屋久島は，北回帰線よりも南に位置している。
④ ニュージーランド（New Zealand）は，国土を南回帰線が通過している。

問18　次の表は，1960年と2016年における世界の地域別人口比率を示したものである。表中のA〜Cに当てはまる地域の組み合わせとして最も適当なものを，下の①〜④の中から一つ選びなさい。

24

単位：％

	A	B	C	北アメリカ	ラテンアメリカ	オセアニア
1960年	55.9	9.4	20.1	6.8	7.3	0.5
2016年	59.7	16.4	9.9	4.9	8.6	0.5

矢野恒太記念会『世界国勢図会　2016/17年版』より作成

	A	B	C
①	ヨーロッパ	アフリカ	アジア
②	ヨーロッパ	アジア	アフリカ
③	アジア	ヨーロッパ	アフリカ
④	アジア	アフリカ	ヨーロッパ

注）北アメリカ(North America)，オセアニア(Oceania)，ヨーロッパ(Europe)，アフリカ(Africa)，アジア（Asia)

問19 次の文章中の空欄 a ～ c に当てはまる語の組み合わせとして最も適当なものを，下の①～④の中から一つ選びなさい。 25

日本列島は，海洋プレート（太平洋プレートと a ）が大陸プレート（ユーラシアプレートと b ）の下に潜り込む，狭まる境界に位置する。そのため，日本列島は，プレート運動によって東西方向の圧縮力を受け，隆起部分が非常に多い。また，日本の多くの平野は狭く，その大半は河口部分に形成された c である。

	a	b	c
①	北アメリカプレート	フィリピン海プレート	侵食平野
②	北アメリカプレート	フィリピン海プレート	沖積平野
③	フィリピン海プレート	北アメリカプレート	侵食平野
④	フィリピン海プレート	北アメリカプレート	沖積平野

注）海洋プレート（oceanic plate），太平洋プレート（Pacific plate），
大陸プレート（continental plate），ユーラシアプレート（Eurasian plate），
北アメリカプレート（North American plate），フィリピン海プレート（Philippine Sea Plate）

問20 次の文章中の空欄 a ～ c に当てはまる語の組み合わせとして最も適当なものを，下の①～④の中から一つ選びなさい。 26

民主主義においては，有権者の信託を受けた者が国政の責任を担う。担う仕組みは，基本的に a と b の2種類がある。 a は立憲君主制になじむが， b はもともと行政府の長がいわば「代用皇帝」のような立場であるので，君主制にはなじまない。その代わり，行政府の長に対しては厳密な三権分立制と固定任期制という二つの強い歯止めがかけられている。これに対して， a は厳密な三権分立制ではなく c 優位の体制であり，行政府の長には厳密な意味での任期というものがない。

	a	b	c
①	議院内閣制	大統領制	立法権
②	議院内閣制	大統領制	行政権
③	大統領制	議院内閣制	行政権
④	大統領制	議院内閣制	立法権

問21 日本国憲法は裁判所による違憲立法審査制度を採用しているが，この制度の運用に関する記述として最も適当なものを，次の①～④の中から一つ選びなさい。 27

① 審査の対象は法律だけであり，条例は審査の対象から除かれている。
② 違憲立法審査権は，最高裁判所だけでなく，下級裁判所も有する。
③ 法律の合憲性は，法律案の国会提出前に裁判所が事前に審査する。
④ ある法律の規定が違憲と判断された場合，国会による法改正の手続きを経なくても，その法律全体が自動的に失効する。

問22 モンテスキュー（Charles de Montesquieu）は，国家権力の三権をそれぞれ異なる機関で運用させることを主張した。モンテスキューの著書として正しいものを，次の①～④の中から一つ選びなさい。 28

① 『法の精神』（*De l'Esprit des lois*）
② 『国家論』（*Les Six Livres de la République*）
③ 『法の哲学』（*Grundlinien der Philosophie des Rechts*）
④ 『道徳および立法の諸原理序説』（*An Introduction to the Principles of morals and Legislation*）

問23 日本国憲法が保障する基本的人権に関する記述として最も適当なものを，次の①～④の中から一つ選びなさい。 29

① 日本国憲法は，集会・結社・言論・出版その他一切の表現の自由を保障している。
② 日本国憲法に規定されている生存権は，大日本帝国憲法（明治憲法）においても，これを認める規定があった。
③ 日本国憲法は，公共の福祉のために必要がある場合には，法律の定めに基づく検閲の実施を認めている。
④ 環境権は，当初，日本国憲法には直接規定する条文はなかったが，改正により明文で規定された。

問24 政党を,「自分たちの共同の努力によって,そのすべてが同意しているなんらかの特定の原理のうえに立って,国民的利益を増進するために結合した人々の組織体」と定義した人物として正しいものを,次の①～④の中から一つ選びなさい。 30

① ブライス（James Bryce）

② トクヴィル（Alexis de Tocqueville）

③ ロック（John Locke）

④ バーク（Edmund Burke）

問25 次の文章を読み，下の問い(1)・(2)に答えなさい。

　第一次世界大戦後，国際秩序の維持と国際平和の実現のために₁国際連盟（League of Nations）がつくられたが，さまざまな制度上の問題点があり，第二次世界大戦の勃発を防ぐことができなかった。

　第二次世界大戦中には戦後の新しい平和的国際秩序が構想され，1945年10月には₂国際連合（UN）が発足した。国際連合はPKO（平和維持活動）などのさまざまな安全保障にかかわる活動を行ってきた。

(1) 下線部1に関して，国際連盟に関する記述として**適当でないもの**を，次の①〜④の中から一つ選びなさい。　　31

① ある加盟国に対する攻撃をすべての加盟国に対する攻撃とみなし，攻撃国に対する制裁を共同で行うという集団安全保障の考え方を制度化した。
② 総会での決定に際しては，原則として全会一致制が採用された。
③ アメリカが参加しなかったことに加え，ドイツ（Germany）は当初，加盟が認められなかった。
④ 決議に従わない国に対して，経済制裁や武力制裁を行ったことがある。

(2) 下線部2に関して，国際連合に関する記述として最も適当なものを，次の①〜④の中から一つ選びなさい。　　32

① 永世中立国のスイスは，オブザーバーとして国際連合に参加している。
② 総会では，安全保障理事会の常任理事国は2票，その他の加盟国が1票の投票権を持ち，すべての議案は過半数の賛成で可決される。
③ 安全保障理事会は，常任理事国5か国と非常任理事国10か国で構成される。
④ ジュネーヴ（Geneva）に設置されている国際司法裁判所は，15名の裁判官で構成される一審制の裁判所で，判決は法的拘束力を持つ。

問26 日本の高度経済成長期における出来事として最も適当なものを，次の①～④の中から一つ選びなさい。 33

① 「国民所得倍増計画」が発表された。
② 1ドル＝360円の単一為替レートが設定された。
③ ペイオフ（pay off）が解禁された。
④ ウルグアイ・ラウンド（Uruguay Round）での決定に基づき，食糧管理制度が導入された。

問27 フランス革命（French Revolution）に関する次の文章中の空欄 a ～ c に当てはまる語の組み合わせとして最も適当なものを，下の①～④の中から一つ選びなさい。 34

フランスの国家財政が， a とのたび重なる戦争により悪化したことから，国王ルイ16世（Louis XVI）は改革派を登用して財政改革をはかった。特権身分に対する課税への抵抗から1789年に三部会が招集されたが，議決方法をめぐる対立から特権身分と b が対立した。 b は三部会から離脱して国民議会を結成し，憲法制定までは解散しないことを誓った。これを c の誓いという。同年7月にはフランス革命の発端となるバスティーユ牢獄（Bastille Saint-Antoine）襲撃が起こり，8月にはラ＝ファイエット（Marquis de La Fayette）らが起草した人権宣言が採択された。

	a	b	c
①	スペイン	第一身分	球戯場
②	スペイン	第三身分	ストラスブール
③	イギリス	第一身分	ストラスブール
④	イギリス	第三身分	球戯場

注）スペイン（Spain），ストラスブール（Strasbourg）

問28 ビスマルク（Otto von Bismarck）に関する記述として最も適当なものを，次の①〜④の中から一つ選びなさい。　35

① 公民権運動に理解を示し，人種差別の撤廃を目的とする公民権法を制定した。
② ベルリン（Berlin）で国際会議を開催し，ドイツがコンゴ（Congo）を領有することを欧米諸国に認めさせた。
③ 東インド会社（East India Company）を設立し，保護貿易を展開した。
④ フランスを孤立させることで自国の安全を確保する，複雑な同盟網を構築した。

問29 イギリスでは，第一次世界大戦後，労働党が保守党につぐ第二党となり，1924年には労働党の党首が自由党と連立内閣を組織した。この党首は誰か。正しいものを，次の①〜④の中から一つ選びなさい。　36

① ウォルポール（Robert Walpole）
② マクドナルド（Ramsay MacDonald）
③ チャーチル（Winston Churchill）
④ ブレア（Tony Blair）

問30 日米修好通商条約（The Treaty of Amity and Commerce between the United States and Japan）の規定に関する記述として最も適当なものを，次の①〜④の中から一つ選びなさい。　37

① 横浜港は，下田港が開港されたのち，直ちに閉鎖される。
② アメリカ人は，日本国内を自由に旅行することができる。
③ 関税の税率については，日本とアメリカが協定して決める。
④ 日本人に対し法を犯したアメリカ人は，日本人の裁判官が，日本の法に基づき処罰する。

問31 日清戦争（First Sino-Japanese War）の終結の際に結ばれた，下関条約に関する記述として最も適当なものを，次の①〜④の中から一つ選びなさい。 38

① 日本は，清（Qing）から，旅順・大連の租借権と長春以南の鉄道の権利を譲り受けた。

② 日本はアメリカ軍に占領され，沖縄はアメリカが統治した。

③ 日本は，ドイツが山東省に持っている権益を継承することを清に認めさせた。

④ 日本は，清に朝鮮（Korea）の独立を認めさせ，2億両(テール)の賠償金を手に入れた。

第 ③ 回 模擬試験

解答時間：80分

3

問 1 次の文章を読み，下の問い(1)～(4)に答えなさい。

　₁ケニア（Kenya）は，市場メカニズムの重視，国の適切な財政・金融政策などにより金融，小売業，観光業，₂運輸・通信分野が発展し，アフリカ（Africa）で注目されている国の一つである。また，　a　や園芸作物など伝統的な生産物の輸出量が堅調に伸びていることや，通貨ケニア・シリングの対主要外国為替レートが比較的安定していることも経済成長の要因となっている。

　しかし，₃紛争の続くソマリア（Somalia）にアフリカ連合（AU）の一員として派兵していることに対し，2013年に首都ナイロビ（Nairobi）でテロが起こるなど，治安には懸念もある。

(1) 下線部1に関して，ケニアの位置として正しいものを，次の地図中の①～④の中から一つ選びなさい。　**1**

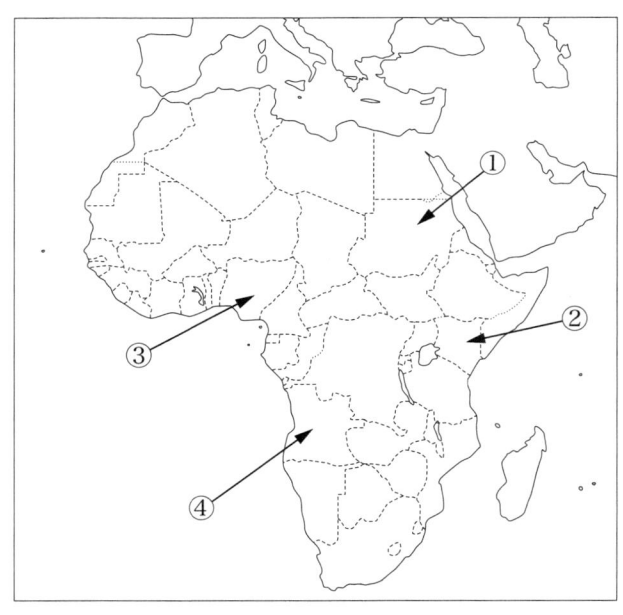

(2) 下線部2に関して，次の表は，東京，上海（Shanghai），シンガポール（Singapore），ドバイ（Dubai）における，コンテナ取扱量（2014年）と，2014年の2010年に対する増加率を示したものである。A～Dに当てはまる港湾の組み合わせとして最も適当なものを，下の①～④の中から一つ選びなさい。 **2**

港湾	コンテナ取扱量（単位：千TEU）	増加率（単位：％）
A	35,285	21.4
B	33,869	19.1
C	15,249	31.5
D	4,895	14.2

注） 国際標準規格の20フィートコンテナを1TEUとする。
矢野恒太記念会『世界国勢図会　2016/17年版』より作成

	A	B	C	D
①	東京	ドバイ	シンガポール	上海
②	ドバイ	東京	上海	シンガポール
③	シンガポール	東京	上海	ドバイ
④	上海	シンガポール	ドバイ	東京

(3) 上の文章中の空欄 a に当てはまる語として最も適当なものを，次の①～④の中から一つ選びなさい。 **3**

① 原油

② 銅

③ 茶

④ 衣類

(4) 下線部**3**に関して，地域紛争に関する記述として最も適当なものを，次の①〜④の中から一つ選びなさい。　　　　　　　　　　　　　　　　　　　　　　　　　|4|

① ロシア（Russia）は当初，チェチェン（Chechen）共和国の独立を認めず，紛争になったが，2000年代後半に独立を認めた。

② フォークランド諸島（Falkland Islands）の領有をめぐって，アルゼンチンとウルグアイ（Uruguay）が対立している。

③ インド（India）とパキスタン（Pakistan）は，カシミール（Kashmir）地方の帰属をめぐり対立しており，戦争も起こった。

④ 東ティモール（Timor Leste）は，マレーシア（Malaysia）との長い紛争の後，独立の是非を問う住民投票を行ったが，その結果，独立が多数を占め，21世紀最初の独立国となった。

問2　次の文章を読み，下の問い(1)～(4)に答えなさい。

　2016年の₁参議院議員通常選挙は，選挙権年齢が　a　歳以上に引き下げられた初の国政選挙であった。前回（2013年）の参議院議員通常選挙から₂インターネットを利用した選挙運動が可能になったこともあわせて，若者の投票率が高くなることが期待されたが，期待ほど高くはならなかった。若者が₃政治的無関心に陥らないよう，政府にはさまざまな政策をとることが望まれる。

(1)　下線部1に関して，参議院に関する記述として最も適当なものを，次の①～④の中から一つ選びなさい。　　5

　① 憲法には，参議院が内閣不信任決議案を提出できるとする規定はない。
　② 参議院は，予算の先議権を有する。
　③ 参議院議員の被選挙権の年齢は，満40歳以上である。
　④ 参議院は任期4年で解散がなく，2年ごとに半数ずつ改選される。

(2)　上の文章中の空欄　a　に当てはまる語として最も適当なものを，次の①～④の中から一つ選びなさい。　　6

　① 16
　② 18
　③ 20
　④ 25

(3) 下線部**2**に関して，インターネットの発展によって大きな影響を受けているのが，知的財産権である。知的財産権に関する記述として最も適当なものを，次の①〜④の中から一つ選びなさい。　　　　7

① 日本では，知的財産権に関する裁判を専属で扱う，特別裁判所が設置されている。
② 日本では，知的財産権を保護するために，特定秘密保護法が制定されている。
③ 知的財産権は，一人が利用するとなくなってしまうため，多くの人が同時に行使することはできない。
④ 知的財産権を長期にわたり過剰に保護することは，新しい知識を利用した生産技術や商品の普及・発展を阻害し，社会の利益を損なう可能性がある。

(4) 下線部**3**に関して，次の文章中の空欄 b に当てはまる語として最も適当なものを，下の①〜④の中から一つ選びなさい。　　　　8

　近年の日本における「無党派層」の政治的態度は，ラズウェル（Harold Lasswell）のいう政治的無関心の3類型の中では，「かつては積極的に政治に参加していたが，自らが抱く期待や要求が実現されず，挫折や幻滅を感じたため，政治にかかわらなくなる」という「 b 」に最も近いとされる。

① 従政治的態度
② 無政治的態度
③ 反政治的態度
④ 脱政治的態度

問3 次のグラフは，ある財の需要曲線（D）と供給曲線（S）を示したものであり，また，縦軸は価格，横軸は数量を表している。今，ある財の価格が1個P_0円だとする。このときの市場の状態に関する記述として最も適当なものを，下の①〜④の中から一つ選びなさい。 9

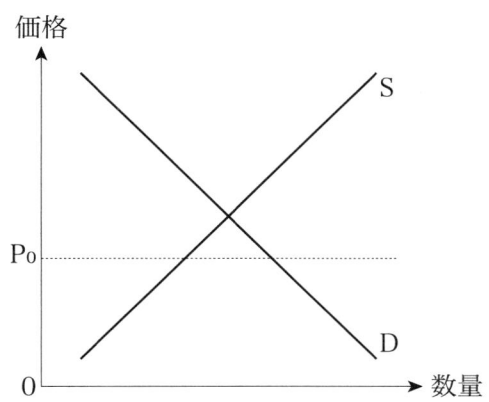

① 超過需要があり，ある財の価格は下落すると考えられる。
② 超過需要があり，ある財の価格は上昇すると考えられる。
③ 超過供給があり，ある財の価格は下落すると考えられる。
④ P_0円は，均衡価格である。

問4 ケインズ（John Maynard Keynes）に関する記述として最も適当なものを，次の①〜④の中から一つ選びなさい。 10

① ケインズは，市場メカニズムに任せれば，超過需要が常に起こるため，不況を未然に防ぐことができると説いた。
② ケインズは，企業の技術革新（イノベーション）が長期の景気循環の要因となると説いた。
③ ケインズは，不況の原因は有効需要の不足にあり，完全雇用を達成するためには，政府の財政・金融政策によって有効需要を増加させる必要があると説いた。
④ ケインズは，有効需要が過大となり，激しいインフレーションが起こるために不況が生じると説いた。

問 5　直接金融に関する記述として最も適当なものを，次の①〜④の中から一つ選びなさい。　11

① 日本では，銀行が企業の株式や社債を購入することは禁止されている。
② 株式の売買は，東京証券取引所のような，国の指定を受けた取引所でのみ行うことができる。
③ 株式会社が直接金融で他人資本を調達する場合には，金融機関から資金の借り入れを行う。
④ 株式会社が直接金融で自己資本を調達する場合には株式を発行する。

問 6　日本銀行の金融政策に関する記述として最も適当なものを，次の①〜④の中から一つ選びなさい。　12

① 量的緩和は，買いオペレーションによって行われる政策である。
② 信用創造とは，日本銀行が貸し付けを通じて預金通貨を創出することである。
③ マネーストックを減少させる金融政策として，ゼロ金利政策がある。
④ 金融機関どうしの競争を促進させる金融政策として，護送船団方式がある。

問7 次のグラフは，アメリカ（USA），EU（欧州連合），中国（China），中東（Middle East）に対する日本の貿易収支の推移を示したものである。縦軸の正値は貿易黒字額，負値は貿易赤字額を示す。A～Cに当てはまる国・地域の組み合わせとして最も適当なものを，下の①～④の中から一つ選びなさい。　**13**

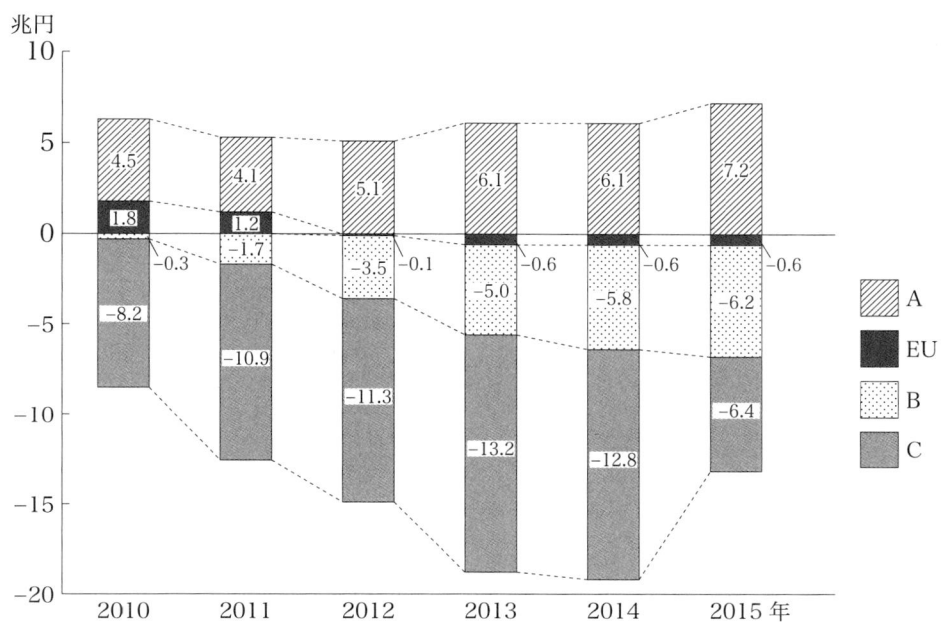

財務省貿易統計より作成

	A	B	C
①	アメリカ	中国	中東
②	アメリカ	中東	中国
③	中国	アメリカ	中東
④	中国	中東	アメリカ

問8　X国の前年の実質GDP（国内総生産）が600兆円であり，今年の名目GDPが726兆円であった。また，前年を100とした今年のGDPデフレーターは110であった。この場合における今年のX国の実質経済成長率として最も適当なものを，次の①〜④の中から一つ選びなさい。　14

① 　0 %
② 　5 %
③ 　10%
④ 　15%

問9　「大きな政府」とは，政府が経済に介入することによって国民の生活を安定させようとするものである。「大きな政府」と意味の近いものとして最も適当なものを，次の①〜④の中から一つ選びなさい。　15

①　消極国家
②　福祉国家
③　自由国家
④　夜警国家

問10 次の文章中の空欄 a ～ c に当てはまる語の組み合わせとして最も適当なものを，下の①～④の中から一つ選びなさい。 16

　1944年，連合国はアメリカの a に集結し，自由貿易の促進と国際通貨の安定をめざす協定を締結した。当時のアメリカの圧倒的な経済力を背景とするこの a 体制のもとでは，アメリカの通貨であるドルを基軸通貨とし，金1オンスと b ドルの交換を保証する固定相場制が採用された。また，各国がドルに対して平価を設定し，為替相場を平価の上下 c ％以内におさめることが義務づけられた。

	a	b	c
①	サンフランシスコ	35	10
②	サンフランシスコ	38	1
③	ブレトンウッズ	35	1
④	ブレトンウッズ	38	10

注）サンフランシスコ（San Francisco），ブレトンウッズ（Bretton Woods）

問11 GATT（関税と貿易に関する一般協定）に関する記述として最も適当なものを，次の①～④の中から一つ選びなさい。 17

① GATTは，二国間のFTA（自由貿易協定）の締結の促進を目的としていた。
② GATTは，自由・無差別・多角を原則とし，貿易制限手段となる関税を認めていなかった。
③ 日本は，バブル崩壊後に，国際収支の赤字を理由とする輸入制限ができないGATT11条国から，輸入制限ができるGATT12条国へ移行した。
④ GATTのウルグアイ・ラウンド（Uruguay Round）のなかで，WTO（世界貿易機関）設立協定の署名が行われた。

問12 IMF（国際通貨基金）に関する記述として最も適当なものを，次の①～④の中から一つ選びなさい。　18

① IMFは，発展途上国への長期融資を目的として設立された。
② 日本は，IMFの設立当初からの加盟国であるため，国際収支の悪化時にSDR（特別引き出し権）を使うことができる。
③ IMFが加盟国に融資を行う際に提示する条件を，コンディショナリティ（conditionality）という。
④ IMFは，企業の利益に対して非課税または低率課税などの優遇措置を行うタックス・ヘイブン（tax haven）を多国籍企業が利用することを奨励している。

問13 ASEAN（東南アジア諸国連合）の原加盟国として正しいものを，次の①～④の中から一つ選びなさい。　19

① カンボジア（Cambodia）
② ベトナム（Viet Nam）
③ インド
④ タイ（Thailand）

問14 大気大循環に関する記述として最も適当なものを，次の①～④の中から一つ選びなさい。　20

① 両半球の貿易風は，西から東に向かって赤道から遠ざかるように吹く。
② 偏西風は，極高圧帯から亜熱帯高圧帯に向かって吹く。
③ 緯度20～30度では，赤道付近で上昇した大気が高温の下降気流となり，熱帯収束帯が形成される。
④ 緯度50～70度では，吹き込んだ大気が上昇気流となり，亜寒帯低圧帯が形成される。

問15 海岸の地形に関する次の文章中の空欄 a ～ c に当てはまる語の組み合わせとして最も適当なものを，下の①～④の中から一つ選びなさい。 21

河川で運搬されてきた砂や近くの海岸で侵食された礫(れき)は，砂浜海岸のあたりを流れる沿岸流に運ばれて海岸に堆積する。そのために，砂浜や，鳥のくちばしのように突き出た a が形成される。 a が伸びたものを砂州(さす)というが，砂州がさらに成長すると，陸地と島がつながって b ができることもある。 b で陸地とつながった島のことを， c という。

	a	b	c
①	砂嘴(さし)	トンボロ	陸繋島(りくけいとう)
②	砂嘴	ラグーン	エスチュアリー
③	干潟(ひがた)	トンボロ	エスチュアリー
④	干潟	ラグーン	陸繋島

注）トンボロ（tombolo），ラグーン（lagoon），エスチュアリー（estuary）

問16 次の文章を読み，下の問い(1)・(2)に答えなさい。

1この気候区では，夏または冬に降水量がやや多くなる雨季がある。また，地面一面には背丈の低い草原が広がっている。この気候区の中でも比較的雨量の多いウクライナ（Ukraine）におけるある地域では，草の密度が増すので，乾季に枯れた草の腐植が促進され肥沃な土壌が作られる。そのため，2世界有数の穀倉地帯を形成している。

(1) 下線部1に関して，この気候区のハイサーグラフとして最も適当なものを，次の①〜④の中から一つ選びなさい。　**22**

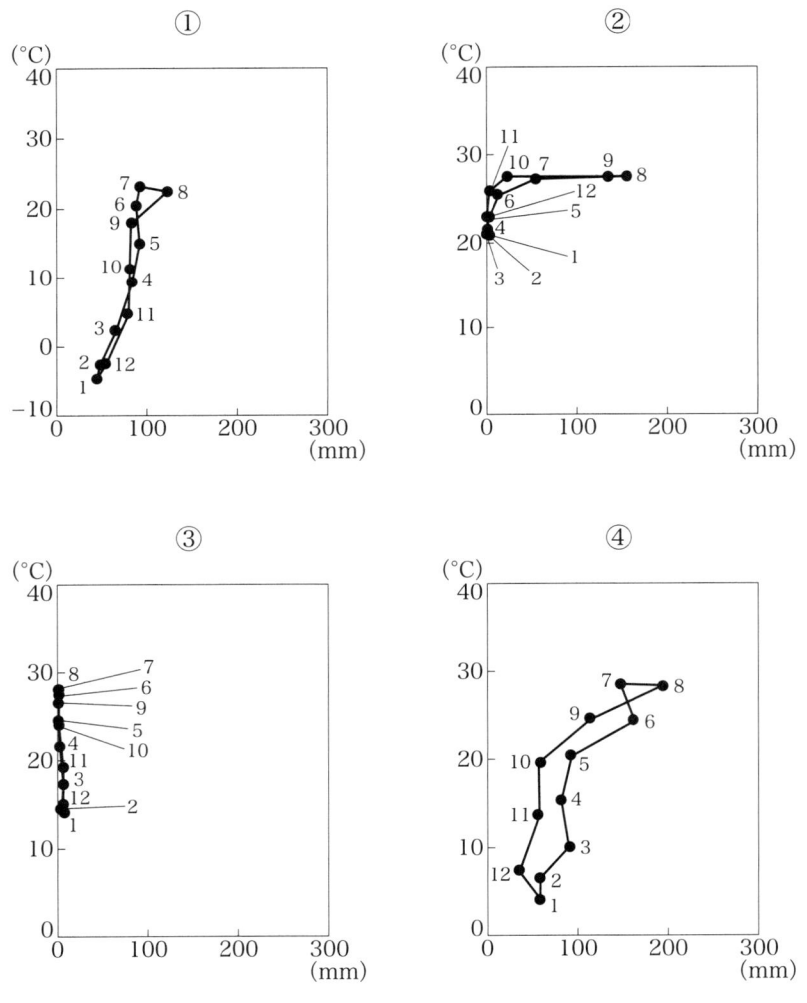

注）グラフ中の数字は，月を示している。
国立天文台『理科年表　平成29年』より作成

(2) 下線部 2 に関して，ウクライナのチェルノーゼム（chernozem）地帯で生産されている作物として最も適当なものを，次の①～④の中から一つ選びなさい。　23

① オリーブ
② 小麦
③ カカオ豆
④ 米

問17　カナダ（Canada）に関する記述として最も適当なものを，次の①～④の中から一つ選びなさい。　24

① カナダでは多文化主義がとられ，英語とスペイン語（Spanish）がともに公用語になっている。
② フランス（France）系住民が多数を占めるケベック（Quebec）州では，分離・独立を求める運動がたびたび起こっている。
③ カナダは，NIEO（新国際経済秩序）と呼ばれるFTAをアメリカと結んでいる。
④ カナダの電力源構成を見ると，火力発電の割合が最も高い。

問18 次のグラフは，日本（2015年），アメリカ（2012年），中国（2014年），インド（2011年）の人口ピラミッドを示したものである。人口ピラミッドA～Dに当てはまる国の組み合わせとして最も適当なものを，下の①～④の中から一つ選びなさい。　25

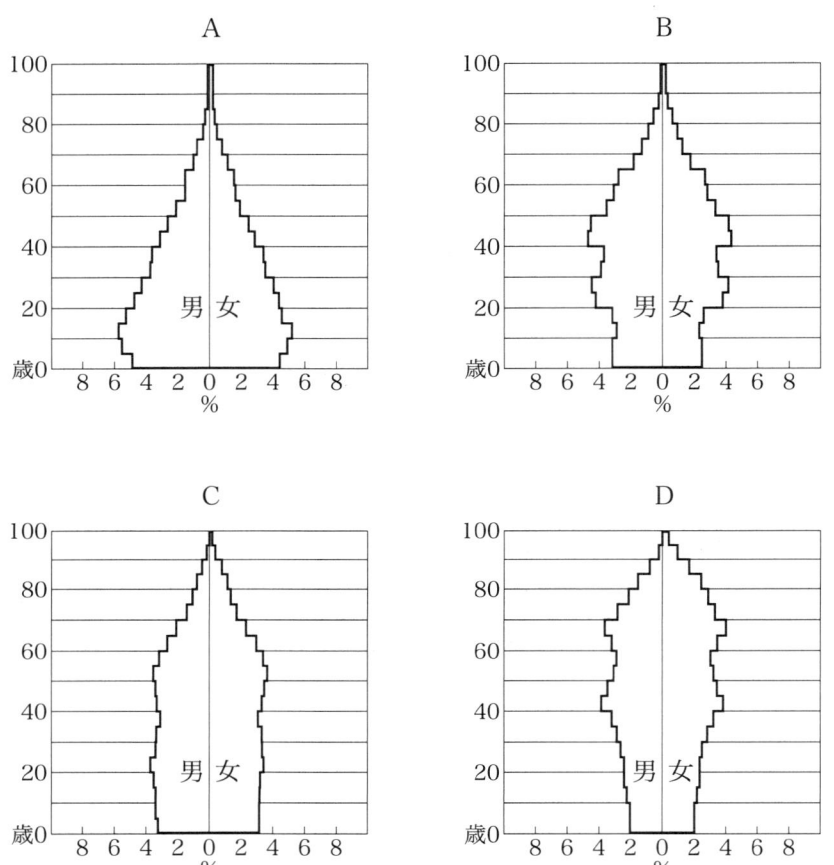

矢野恒太記念会『世界国勢図会　2016/17年版』より作成

	A	B	C	D
①	中国	インド	日本	アメリカ
②	中国	日本	インド	アメリカ
③	インド	中国	アメリカ	日本
④	インド	アメリカ	中国	日本

問19 次の表は，日本の米，野菜，大豆，小麦について，食料自給率（国内総供給量に対する国産供給量の割合）の推移を表している。このうち小麦を表しているものとして最も適当なものを，下の①～④の中から一つ選びなさい。 26

単位：％

	1960年	1980年	2000年	2005年	2010年	2013年
A	102	100	95	95	97	96
B	39	10	11	14	9	12
C	28	4	5	5	6	7
D	100	97	81	79	81	79

矢野恒太記念会『日本国勢図会　2016/17年版』より作成

① A
② B
③ C
④ D

問20 社会契約説やそれを唱えた思想家に関する記述として最も適当なものを，次の①～④の中から一つ選びなさい。 27

① 社会契約説は，人民は国家の成立によって初めて国家から権利を付与されるという考え方で，市民革命を理論的に支えた。
② ホッブズ（Thomas Hobbes）は，市民革命後の社会を「万人の万人に対する闘争状態」であるとして批判し，絶対王政を擁護した。
③ ロック（John Locke）は，中央の権力を立法権，執行権，同盟権に分け，これらのうち執行権を優位とする権力分立制を主張した。
④ ルソー（Jean-Jacques Rousseau）は，公共の利益をめざす一般意思に基づいた政治が直接民主制によって実現されなければならないと主張した。

問21　刑事事件の被疑者や被告人の権利を守るために日本国憲法が定めているものとして**適当でないもの**を，次の①〜④の中から一つ選びなさい。　28

① 黙秘権の保障
② 令状主義
③ 法定手続きの保障
④ 死刑制度の禁止

問22　日本の国会で，与党が衆議院において3分の2以上の議席を保有していると可能となる事柄として最も適当なものを，次の①〜④の中から一つ選びなさい。　29

① 参議院が否決した法案を衆議院で再議決し法案を成立させること
② 最高裁判所の裁判官を罷免すること
③ 内閣総理大臣を任命すること
④ 衆議院単独で憲法改正を発議すること

問23　日本の裁判所に関する記述として最も適当なものを，次の①〜④の中から一つ選びなさい。　30

① 下級裁判所は，高等裁判所，地方裁判所，簡易裁判所から成り立っている。
② 高等裁判所は，東京と大阪のみに設置されている。
③ 行政訴訟（行政裁判）の審理は，通常の裁判所とは異なる行政裁判所で行われる。
④ 一定の重大事件における刑事裁判の第一審において，裁判員制度が導入されている。

問24 国際連合(UN)の安全保障理事会に関する記述として最も適当なものを,次の①～④の中から一つ選びなさい。　31

① 実質事項の決定には,5常任理事国のすべてを含む12理事国の賛成を必要とする。
② ある問題が実質事項であるか手続事項であるかを決める際にも,常任理事国は拒否権を行使できる。
③ 手続事項の決定には,常任理事国2か国を含む9理事国以上の賛成を必要とする。
④ 任期3年の非常任理事国10か国は総会で選出され,毎年その半数を改選する。

問25 アメリカ独立戦争(American War of Independence)に関する記述として最も適当なものを,次の①～④の中から一つ選びなさい。　32

① ボストン(Boston)茶会事件後,イギリス(UK)本国はミシシッピ(Mississippi)川以東を自治領と認めるなどして,アメリカ植民地との融和を図った。
② あらゆる書類や刊行物に本国発行の印紙を貼らせることを定めた印紙法に対して,植民地では「代表なくして課税なし」というスローガンのもとに反発が起こった。
③ 開戦後に開かれた第1回大陸会議では,ワシントン(George Washington)が総司令官に任命された。
④ スペインを除くヨーロッパ諸国は,独立戦争において中立を維持した。

問26 ベネズエラ(Venezuela),コロンビア(Colombia),エクアドル(Ecuador)など,特に南アメリカ(South America)大陸北部の独立において指導的役割を果たした,ベネズエラ出身の人物として正しいものを,次の①～④の中から一つ選びなさい。　33

① トゥサン・ルヴェルチュール(Toussaint L'Ouverture)
② アルフレド・ドレフュス(Alfred Dreyfus)
③ シモン・ボリバル(Simon Bolivar)
④ ジョゼフ・チェンバレン(Joseph Chamberlain)

問27 19世紀前半の世界に関する記述として最も適当なものを，次の①〜④の中から一つ選びなさい。 34

① フランスでは二月革命が起こり，ナポレオン（Napoléon Bonaparte）が皇帝に即位した。
② イギリスが，アヘン戦争（First Opium War）を起こした。
③ プロイセン（Prussia）がオーストリア（Austria）との戦争に勝利し，ドイツ（Germany）を統一した。
④ イタリア（Italy）では，農奴解放令などの近代化をめざす改革が行われた。

問28 20世紀前半のロシアまたはソ連（USSR）に関する記述として最も適当なものを，次の①〜④の中から一つ選びなさい。 35

① 日露戦争（Russo-Japanese War）の講和条約として，日露協約（Russo-Japanese Agreement）が結ばれた。
② ロシアは，セルビア（Serbia）を牽制するために，ブルガリア（Bulgaria）やギリシャ（Greece）などに，バルカン同盟（Balkan League）を形成させた。
③ 第一次世界大戦勃発後，「血の日曜日事件」が起こった。
④ ソヴィエト（Soviet）政権は，「平和に関する布告」を発し，第一次世界大戦の全交戦国に即時停戦と，無併合・無償金・民族自決の原則による和平を呼びかけた。

問29 次の文章中の空欄 a , b に当てはまる語の組み合わせとして最も適当なものを，下の①〜④の中から一つ選びなさい。 36

　18世紀に a で始まった産業革命は，19世紀には他の国々にも広がった。日本ではまず軽工業が発達したが，日清戦争（First Sino-Japanese War）後にはその賠償金などによって，1901年に b が操業を開始するなど重工業が発達した。

	a	b
①	アメリカ	八幡製鉄所
②	アメリカ	富岡製糸場
③	イギリス	八幡製鉄所
④	イギリス	富岡製糸場

問30 大正時代（1912〜1926年）の日本に関する記述として最も適当なものを，次の①〜④の中から一つ選びなさい。 37

① 普通選挙法が成立し，満25歳以上の男子に選挙権が与えられた。
② ドイツ及びイタリアと三国で軍事同盟を結んだ。
③ すべての政党が解散し，大政翼賛会が結成された。
④ 満州事変が起こった。

問31 アジア（Asia）諸地域の動向に関する次のA～Dの出来事を年代順に並べたものとして正しいものを，下の①～④の中から一つ選びなさい。 38

A アメリカ＝スペイン戦争（Spanish-American War）の勃発
B イラン（Iran）でのタバコ・ボイコット運動の展開
C フランス領インドシナ（Indochina）連邦の成立
D イギリス東インド会社（East India Company）の解散

① A→B→C→D
② B→D→A→C
③ C→A→D→B
④ D→C→B→A

第 ④ 回 模擬試験

解答時間：80分

4

問1　次の文章を読み，下の問い(1)〜(4)に答えなさい。

　1682年，ウィリアム・ペン（William Penn）は，イギリス（UK）から宗教の自由を求め，クエーカー（Quaker）教徒を引き連れて新大陸に上陸し，この地を <u>フィラデルフィア</u>₁（Philadelphia）と名づけた。後に独立戦争が起こると，この地で<u>独立宣言</u>₂が発表されるなど，フィラデルフィアは戦争の舞台ともなった。19世紀以降のフィラデルフィアは<u>商業や海運が発展</u>₃し，1872年には<u>岩倉使節団</u>₄も訪れ，その発展した街の各所を視察している。

(1) 下線部1に関して，フィラデルフィアはほぼ北緯40度の地点にある。北緯40度付近にある都市として正しいものを，次の①〜④の中から一つ選びなさい。　　1

① 北京（Beijing）
② ダッカ（Dhaka）
③ リヤド（Riyadh）
④ パリ（Paris）

(2) 下線部2に関して，人権についての歴史的な宣言に関する記述として最も適当なものを，次の①〜④の中から一つ選びなさい。　　2

① フランス（France）で1215年に発表されたマグナ・カルタ（Magna Carta）は，私的財産の不可侵や人身の自由などを定めた憲章である。
② イギリスで1689年に発表された権利章典は，近代的議会政治の基礎を築いたと言われている。
③ フランス人権宣言は，三部会が提出した文書を国王が承認して発布したものであり，国王が議会の同意なく課税できないことなどを定めている。
④ フランス革命（French Revolution）の影響を受けてジェファソン（Thomas Jefferson）が起草したアメリカ独立宣言は，自由・平等は人間が生まれながらにして備えている権利であるとうたわれている。

(3) 下線部 3 に関して，フィラデルフィアはデラウェア（Delaware）湾の奥に位置する商工業都市である。次の地図の円で囲んだ部分に見られる，平野を流れる河川の河口部分が沈水してできた三角状の入り江のことを何と呼ぶか。最も適当なものを，下の①〜④の中から一つ選びなさい。 3

① リアス海岸（ria coast）
② 海食崖
③ エスチュアリー（estuary）
④ フィヨルド（fjord）

(4) 下線部 4 に関して，岩倉使節団の副使の一人で，1882年に憲法などの国家制度を調査するために，プロイセン（Prussia）などに派遣された人物に関する記述として最も適当なものを，次の①〜④の中から一つ選びなさい。 4

① 国際連盟（League of Nations）の初代事務次長に就任した。
② 立憲改進党の党首に就任した。
③ 治安維持法を成立させた。
④ 初代の内閣総理大臣に就任した。

問2 次の会話を読み，下の問い(1)〜(4)に答えなさい。

学生：1821年に完成した，伊能忠敬の「大日本沿海輿地全図」はとても正確な日本地図だそうですね。

先生：はい。とくに <u>緯度</u>₁が正確に表されています。

学生：どうして地図が作成されたのでしょうか。

先生：この時期は，₂<u>ロシア（Russia）</u>使節ラクスマン（Adam Laxman）が日本との₃<u>通商</u>を求めて北海道の₄<u>根室</u>に来航したことにも見られるように，「鎖国」が揺らぎ始めた時期でした。そのため，沿岸警備の必要が叫ばれ，地図づくりが進められたと言われています。

学生：この地図は，明治時代以降の地図の基本資料となったと教科書に書いてあります。すごいですね。

(1) 下線部**1**に関して，次の地図は，緯線と経線が直角に交わるように描かれた地図である。また，地図中の①〜④は，すべて緯線と平行に同じ長さで描かれている。実際の距離が最も長いものとして最も適当なものを，地図中の①〜④の中から一つ選びなさい。 **5**

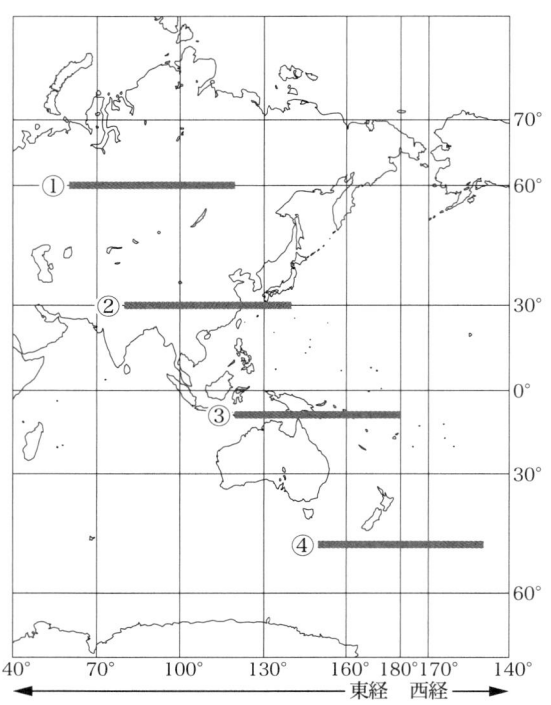

(2) 下線部 2 に関して，日本とロシア（またはソ連（USSR））が締結した条約A～Dを，締結した年代順に並べたものとして正しいものを，下の①～④の中から一つ選びなさい。 6

A　日ソ基本条約
B　ポーツマス条約
C　樺太・千島交換条約
D　日ソ共同宣言

注）日ソ基本条約（Convention Embodying Basic Rules of the Relations between Japan and the Union of Soviet Socialist Republics），
ポーツマス条約（Treaty of Portsmouth），
樺太・千島交換条約（Treaty of Saint Petersburg），
日ソ共同宣言（Soviet-Japanese Joint Declaration）

① A→D→C→B
② B→A→D→C
③ C→B→A→D
④ D→C→B→A

(3) 下線部 3 に関して，次の表は，2015年におけるロシア，オーストラリア（Australia），サウジアラビア（Saudi Arabia）から日本が輸入した上位5品目と輸入額に占める割合を示したものである。A〜Cに当てはまる国の組み合わせとして最も適当なものを，下の①〜④の中から一つ選びなさい。 7

単位：%

A		B		C	
原油	89.2	石炭	30.7	原油	38.1
石油製品	5.7	液化天然ガス	28.0	液化天然ガス	24.9
液化石油ガス	2.1	鉄鉱石	14.8	石炭	8.6
有機化合物	1.4	肉類	5.4	石油製品	6.2
アルミニウム	0.7	銅鉱	3.5	アルミニウム	6.1

矢野恒太記念会『日本国勢図会 2016/17年版』より作成

	A	B	C
①	ロシア	オーストラリア	サウジアラビア
②	ロシア	サウジアラビア	オーストラリア
③	サウジアラビア	ロシア	オーストラリア
④	サウジアラビア	オーストラリア	ロシア

(4) 下線部 4 に関して，根室の水産業は，ロシアの排他的経済水域（EEZ）内でのサケ・マス流し網漁が2016年から禁止されたことにより，大きな打撃を受けた。排他的経済水域に関する記述として最も適当なものを，次の①〜④の中から一つ選びなさい。 8

① 排他的経済水域は，沿岸国の海岸線（基線）から最大12海里までの範囲である。
② 排他的経済水域には，国連海洋法条約（United Nations Convention on the Law of the Sea）に基づき，公海自由の原則が適用される。
③ 排他的経済水域内での漁業・鉱物資源に関する権利は，沿岸国が有する。
④ 排他的経済水域とその上空は，沿岸国の領域とみなされ，その主権が及ぶ。

問3 経済学者に関する記述として最も適当なものを，次の①〜④の中から一つ選びなさい。 9

① アダム・スミス（Adam Smith）は，国内に蓄積された金や銀が国家を富ませることになると主張した。
② マルクス（Karl Marx）は，資本主義の下では，貧富の差の拡大や恐慌が生じることは避けられないと主張した。
③ マルサス（Thomas Robert Malthus）は，不況からの脱出のためには，政府の政策により有効需要を創出することが望ましいと主張した。
④ ケインズ（John Maynard Keynes）は，経済が発展するにつれて，産業構造は，第三次産業から第二次産業へ，そして第一次産業へと重心を移していく傾向を持つと主張した。

問4 株式会社の特徴に関する記述として最も適当なものを，次の①〜④の中から一つ選びなさい。 10

① 株主総会では，すべての株主が平等に一人一票の議決権を有している。
② 社債は株主が所有しているので，自己資本に分類される。
③ 株式会社の株主は，無限責任社員と有限責任社員で構成される。
④ 株式会社の株主は，原則として，持株数に応じて配当を受けることができる。

問5 市場の失敗に関する記述として最も適当なものを，次の①〜④の中から一つ選びなさい。　11

① 経済主体の活動が市場を通さずに，他の主体の経済厚生に影響を与えることを外部性と呼び，なかでも負の影響を与える場合を外部経済と呼ぶ。
② 公共財とは，誰であっても利用することを制限されないが，多くの人が同時に利用することはできない財のことである。
③ ある市場における供給が少数の企業に限られて行われている状態のことを，寡占と呼ぶ。
④ 取引対象である財・サービスの情報を，販売者よりも消費者の方が多く持っていることを，情報の非対称性と呼ぶ。

問6 ラムサール条約（Ramsar Convention）に関する記述として最も適当なものを，次の①〜④の中から一つ選びなさい。　12

① 特に水鳥の生息地として国際的に重要な湿地を保護することを目的としている。
② オゾン層を保護するため，オゾン層を破壊するフロンなどの製造を規制している。
③ PCB（ポリ塩化ビフェニル）やダイオキシンなどの，残留性のある有機汚染物質の管理を目的としている。
④ バイオテクノロジーによって改変された生物の，国境を越える移動や利用について規制している。

問7 フローに当てはまるものとして最も適当なものを，次の①〜④の中から一つ選びなさい。　13

① 所得
② 土地
③ 預貯金
④ 国債残高

問8 次の文章中の空欄 a ， b に当てはまる語の組み合わせとして最も適当なものを，下の①〜④の中から一つ選びなさい。 14

社会的不平等を是正するためには，所得や資産の再分配政策を行うことが考えられる。それには，累進度の高い税制が望ましいが，それは高所得者の a 意欲を阻害する可能性がある。また，財産所得に高率の利子所得税を課すことは，多額の財産所得を得ている人の b 意欲を減退させる可能性がある。重い税金が a 意欲や b 意欲に対してマイナスの効果を持つようであれば，経済成長の観点からもマイナスとなる可能性がある。

	a	b
①	勤労	生産
②	勤労	投資
③	供給	生産
④	供給	投資

問9 安価な財Aと高価な財Bがあるとする。財Aと財Bは代替の関係にあり，財Aから財Bに切り替えると非常に高額な費用がかかる。このときの財Aの需要曲線の形状として最も適当なものを，次の①〜④の中から一つ選びなさい。 15

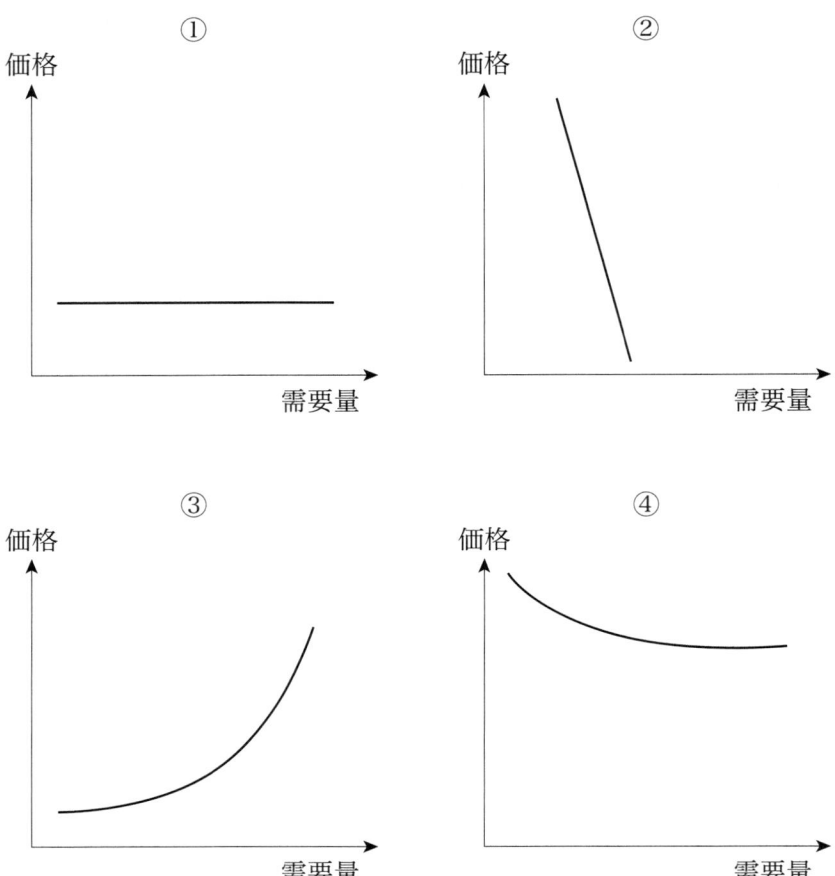

問10 日本の労働環境に関する記述として最も適当なものを，次の①〜④の中から一つ選びなさい。　16

① 1970年代に，二度の石油危機（Oil Crisis）をきっかけとして減量経営が行われた結果，1970年代における完全失業率は一時5％台となった。
② 男女雇用機会均等法は，使用者（事業主）に対して，女性労働者の妊娠，出産を理由とする不利益な取扱いを禁止している。
③ 母親は1歳未満の子の養育のための育児休業が法的に認められているが，父親の育児休業は認められていない。
④ 労働者が団体交渉を行うには，労働委員会の許可を必要とする。

問11 消費者を保護するための日本の法律とその内容を説明したものとして最も適当なものを，次の①〜④の中から一つ選びなさい。ただし，法律名，制定年は正しいものとする。　17

	法律名，制定年	内容
①	製造物責任法（PL法）（1994年）	欠陥商品が消費者に販売された場合に，消費者が事業者の過失を立証すれば賠償責任を販売者に負わせるという規定がある。
②	消費者契約法（2000年）	消費者が訪問販売によって契約を結んだ場合，一定期間内であれば無条件で契約を解除することができる，クーリングオフの制度について定めている。
③	特定商取引法（2000年）	被害にあった消費者個人に代わって，適格消費者団体が原告となり，被害を発生させた事業者に対して不当な行為を差し止めるための訴訟を起こせることが定められている。
④	消費者基本法（2004年）	消費者の権利が初めて明記されるとともに，消費者の自立の支援が定められている。

問12 日本がEPA（経済連携協定）を締結している国として**正しくないもの**を，次の①～④の中から一つ選びなさい。　　　18

① スイス（Switzerland）
② モンゴル（Mongolia）
③ オーストラリア
④ ブラジル（Brazil）

問13 発展途上国をめぐる状況や取り組みに関する記述として最も適当なものを，次の①～④の中から一つ選びなさい。　　　19

① 農産物や鉱産物など，単一，または限られた種類の品目の輸出に頼る経済は，非関税障壁と呼ばれる。
② OPEC（石油輸出国機構）には，発展途上国の国々だけでなく，先進国のアメリカ（USA）も加盟している。
③ 発展途上国間の経済格差とそれに伴う諸問題は，南南問題と呼ばれる。
④ UNCTAD（国連貿易開発会議）において，発展途上国の貧困や飢餓の撲滅をめざして，SDGs（持続可能な開発目標）が採択された。

問14 変動相場制の下での為替レートの動きに関する記述として最も適当なものを，次の①～④の中から一つ選びなさい。　　　20

① 日本国内の金利が低下すると，円高になる傾向がある。
② 日本の輸入が増加すると，円高になる傾向がある。
③ 日本に来る外国人観光客が増加すると，円安になる傾向がある。
④ 日本国内の企業の対外直接投資が増加すると，円安になる傾向がある。

問15 GIS（地理情報システム）の利用のしかたとして最も適当なものを，次の①〜④の中から一つ選びなさい。　21

① ある投資家が，株価の動向を予想するためにGISを利用した。
② ある企業が，1年間の売上高を計算するためにGISを利用した。
③ ある行政機関が，ハザードマップ（防災地図）を作成するためにGISを利用した。
④ ある行政機関が，管轄地域内の一人暮らし高齢者世帯の増加傾向を調べるためにGISを利用した。

問16 次の表は，ある年における東京（成田）からアトランタ（Atlanta）と，東京（成田）からドバイ（Dubai）の直行便のフライトスケジュールを示したものである。アトランタはアメリカの都市，ドバイはアラブ首長国連邦（UAE）の都市である。東京・アトランタ間の所要時間と東京・ドバイ間の所要時間との組み合わせとして最も適当なものを，下の①〜④の中から一つ選びなさい。ただし，時刻はすべて現地時間で示しており，サマータイム制度は考慮しないこととする。　22

フライトスケジュール	日本と現地との時差
東京(成田)発　17:30　→　アトランタ着　16:00（同日）	14時間
東京(成田)発　22:00　→　ドバイ着　5:00（翌日）	5時間

	東京(成田)・アトランタ間	東京(成田)・ドバイ間
①	8時間30分	12時間
②	8時間30分	2時間
③	12時間30分	12時間
④	12時間30分	2時間

②

問18 次の表は，EU（欧州連合），AFTA（ASEAN自由貿易地域），MERCOSUR（南米南部共同市場），NAFTA（北米自由貿易協定）の，2015年の人口規模と経済規模を示したものである。表中のA～Cに当てはまるものの組み合わせとして最も適当なものを，下の①～④の中から一つ選びなさい。　24

	人口（100万人）	GDP（10億米ドル）
A	507	16,183
B	629	2,436
C	300	2,713
NAFTA	484	20,644

注) ASEAN（東南アジア諸国連合）
　　MERCOSURにはボリビア（Bolivia）を含む。
　　GDP（国内総生産）
IMF「World Economic Outlook Database, April 2016 Edition」より作成

	A	B	C
①	EU	MERCOSUR	AFTA
②	EU	AFTA	MERCOSUR
③	AFTA	EU	MERCOSUR
④	AFTA	MERCOSUR	EU

問19 次の表は，2014年における輸送用機械器具，化学工業，鉄鋼業の出荷額上位5位までの都道府県を示している。表中のA～Cに当てはまる都道府県の組み合わせとして最も適当なものを，下の①～④の中から一つ選びなさい。 **25**

単位：10億円

輸送用機械器具			化学工業			鉄鋼業		
1位	A	23,509	1位	B	3,131	1位	A	2,557
2位	静岡県	4,225	2位	大阪府	1,906	2位	兵庫県	2,010
3位	C	3,686	3位	C	1,830	3位	B	1,838
4位	群馬県	3,156	4位	兵庫県	1,774	4位	広島県	1,494
5位	広島県	2,728	5位	山口県	1,646	5位	大阪府	1,484

二宮書店編集部『データブック　オブ・ザ・ワールド　2017年版』より作成

	A	B	C
①	愛知県	千葉県	神奈川県
②	愛知県	神奈川県	千葉県
③	東京都	大阪府	愛知県
④	東京都	愛知県	大阪府

問20 異文化理解に関する記述として最も適当なものを，次の①〜④の中から一つ選びなさい。　26

① 自民族や自文化の価値観を絶対のものとみなした上で他の民族や文化について価値判断をすることを，エスノセントリズム（ethnocentrism）と呼ぶ。
② 単独行動主義とは，どの文化もそれぞれに固有の価値を備えており，互いの間に優劣の差をつけることはできない，とする考え方である。
③ サイード（Edward Said）は，近代において西洋の文化が自らを東洋と区別し，東洋を非合理的で後進的とみなすことを，マルチカルチュラリズム（multiculturalism）と呼んだ。
④ 多文化主義とは，国の政策によって，一国内で異なる複数の文化が互いに関わり合うことなく共存することをめざす考え方である。

問21 法の支配（rule of law）に関する記述として最も適当なものを，次の①〜④の中から一つ選びなさい。　27

① 法の支配とは，あらゆる時代，あらゆる社会を超えて，普遍的な正しさを持った根本的な法が存在するという考え方である。
② 国家の権力行使のあり方に関して，法の支配と対立する考え方は，人の支配と呼ばれる。
③ イギリスで17世紀に発表された権利請願は，貴族から奴隷に至るまで，すべての人の権利を国王の専制から守る法典であった。
④ フィルマー（Robert Filmer）は，中世以来の慣習法であるコモン・ロー（common law）は王権よりも優位に立つと主張した。

問22 日本国憲法が保障する「経済の自由」の例として最も適当なものを，次の①～④の中から一つ選びなさい。　28

① 宗教活動を行うことができる。
② 労働者は，労働組合を結成することができる。
③ 拘禁された者が無罪の判決を受けたときに，国に補償を求めることができる。
④ 自分の希望する職業を選択することができる。

問23 「新しい人権」に関する記述として最も適当なものを，次の①～④の中から一つ選びなさい。　29

① 一般国民のプライバシー権は，情報公開法に基づく情報公開請求により制限される。
② アクセス権とは，インターネットに接続してウェブサイトを自由に閲覧する権利のことである。
③ 環境権とは健康で快適な環境の保全を求める権利のことであり，嫌煙権や景観権などがある。
④ 本人の承諾なしに，顔や姿を撮影されない権利のことを請願権という。

問24 日本国憲法の三権分立に関する記述として最も適当なものを，次の①～④の中から一つ選びなさい。　30

① 衆議院が内閣不信任案を可決した場合には，内閣は30日以内に総辞職しなければならない。
② 内閣は，罷免の訴追を受けた裁判官を裁判するため，国務大臣で組織する弾劾裁判所を設けることができる。
③ 違憲法令審査権を行使する権限を持つのは，最高裁判所のみである。
④ 最高裁判所長官は，内閣が指名する。

問25 次の図は「世界終末時計（Doomsday Clock）」と呼ばれるもので，世界破滅の時を午前0時と想定し，世界破滅の危険性が高まる出来事が起これば時間（分）が進められるが，危険性が下がる出来事が起これば時間（分）は戻されるというしくみになっている。この図に関して，下の問い(1)，(2)に答えなさい。

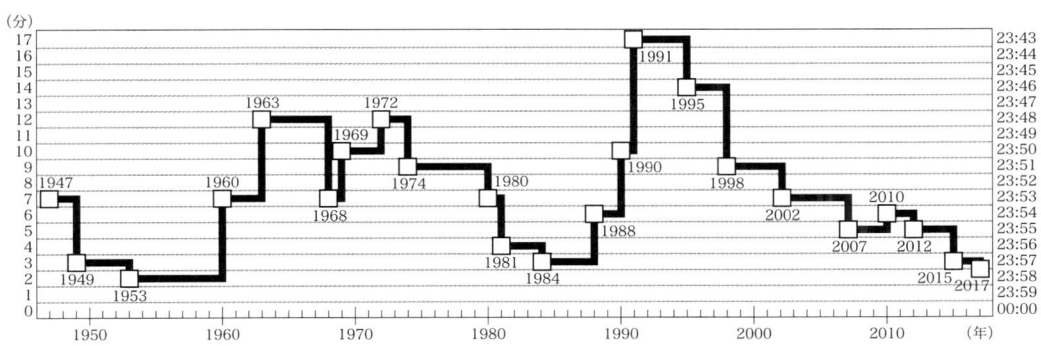

(1) 1963年には世界破滅の7分前から12分前に時間が戻された。その理由となった出来事として最も適当なものを，次の①～④の中から一つ選びなさい。　**31**

① アメリカ，イギリス，ソ連が，PTBT（部分的核実験禁止条約）を締結した。
② 国際連合（UN）の総会で，CTBT（包括的核実験禁止条約）が採択された。
③ OPCW（化学兵器禁止機関）が設立された。
④ 対人地雷全面禁止条約が発効した。

注）対人地雷全面禁止条約（Convention on the Prohibition of the Use, Stockpiling, Production and Transfer of Anti-Personnel Mines and on Their Destruction）

(2) アメリカがSDI（戦略防衛構想）を打ち出すなど，新たな軍拡競争が始まるのではという懸念が生じたことから，1984年の時刻は世界破滅の3分前となった。1984年時点でのアメリカ大統領として正しいものを，次の①～④の中から一つ選びなさい。　**32**

① ジョンソン（Lyndon Johnson）
② ニクソン（Richard Nixon）
③ レーガン（Ronald Reagan）
④ ブッシュ（George H. W. Bush）

問26 マーシャル・プラン（Marshall Plan）に関する記述として最も適当なものを，次の①～④の中から一つ選びなさい。 33

① F. ローズヴェルト（Franklin Roosevelt）大統領のときの国務長官であるマーシャル（George Marshall）が提唱した。
② マーシャル・プランの目的は，ヨーロッパの第二次世界大戦後の復興と経済的自立を支援することであった。
③ COMECON（経済相互援助会議）加盟国を重点的に援助した。
④ CSCE（全欧安保協力会議）が，マーシャル・プランのヨーロッパ側の受け入れ機関であった。

問27 ナポレオン（Napoléon Bonaparte）の政策に関する記述として最も適当なものを，次の①～④の中から一つ選びなさい。 34

① ウェストファリア条約（Peace of Westphalia）によって，ワルシャワ（Warsaw）大公国をたてた。
② 大陸封鎖令を出したが，ロシアの経済を封じ込めることには成功しなかった。
③ 法の前の平等や契約の自由など近代市民社会の法原理が盛り込まれた，ナポレオン法典を制定した。
④ プロイセンとライン同盟（Confederation of the Rhine）を結成し，神聖ローマ帝国（Holy Roman Empire）の保護を進めた。

問28 クリミア戦争（Crimean War）に関する記述として最も適当なものを，次の①〜④の中から一つ選びなさい。　35

① クリミア戦争は，サライェヴォ（Sarajevo）でオーストリア帝位継承者夫妻が暗殺されたことが開戦のきっかけとなった。
② クリミア戦争は，イギリスとドイツの連合軍と，ロシアとオスマン帝国（Ottoman Empire）の連合軍との戦いであった。
③ クリミア戦争における最大の激戦の一つは，ドイツとロシアによるタンネンベルク（Tannenberg）の戦いであった。
④ クリミア戦争に敗北したロシアは，黒海（Black Sea）に艦隊を置く権利を失った。

問29 18世紀末から19世紀にかけてイギリスが清（中国）・インドとの間で行った三角貿易に関する次の文章中の空欄　a　〜　c　に当てはまる語の組み合わせとして最も適当なものを，下の①〜④の中から一つ選びなさい。　36

イギリスは対中国貿易において輸入超過に陥り，大量の　a　が流出した。この事態を解決するために，インドに　b　を輸出し，インドから　c　を中国に輸出した。すると，中国では　c　の密貿易が拡大し，今度は中国から大量の　a　が流出するようになった。

	a	b	c
①	銀	綿製品	アヘン
②	銀	アヘン	綿製品
③	金	武器	奴隷
④	金	奴隷	武器

注）清（Qing）

問30 1890年代の日本の状況に関する記述として最も適当なものを，次の①〜④の中から一つ選びなさい。　37

① 日本の中央銀行である，日本銀行が設立された。
② 日英同盟（Anglo-Japanese Alliance）が締結された。
③ 領事裁判権の撤廃に成功した。
④ 米の投機的な買い占めが横行して米価が急騰したため，米騒動が起こった。

問31 第二次世界大戦後の日本の状況に関する記述として最も適当なものを，次の①〜④の中から一つ選びなさい。　38

① サンフランシスコ平和条約（San Francisco Peace Treaty）の発効により，日本は主権を回復した。
② ベトナム戦争（Vietnam war）をきっかけとして，自衛隊が創設された。
③ 55年体制の下では，自由民主党と日本社会党の政権交代がたびたび見られた。
④ 日米安全保障条約（Treaty of Mutual Cooperation and Security between the United States and Japan）の締結により，沖縄が日本に返還された。

第 ⑤ 回　模擬試験

解答時間：80分

5

問1　次の会話を読み，下の問い(1)～(4)に答えなさい。

よし子：2016年のサミットは「₁伊勢志摩サミット」として，日本で開催されましたね。

先　生：そうですね。日本が議長国となりました。

よし子：サミットは，いつから始まったのですか？

先　生：第1回のサミットは，₂混迷する世界経済について話し合うために，1975年に　a　のランブイエ（Rambouillet）で，日本，アメリカ（USA），　a　，イギリス（UK），₃西ドイツ（West Germany），イタリア（Italy）の6か国により開催されました。第2回からは，　b　も加わっています。

よし子：ロシア（Russia）もサミットのメンバー国でしたよね。

先　生：ロシアは1997年に正式参加しましたが，クリミア（Crimea）問題により，2014年に参加資格を剥奪されました。

よし子：世界経済以外の問題は取り上げられていないのでしょうか。

先　生：近年は，環境問題など地球規模の問題についても議論されるようになっていますよ。

(1) 下線部1に関して,次の地図は,志摩半島を示したものである。地図に示されたような,河川によってつくられた多くの谷に海水が浸入しておぼれ谷ができ,出入りの多い海岸となったものを何と呼ぶか。最も適当なものを,下の①〜④の中から一つ選びなさい。 1

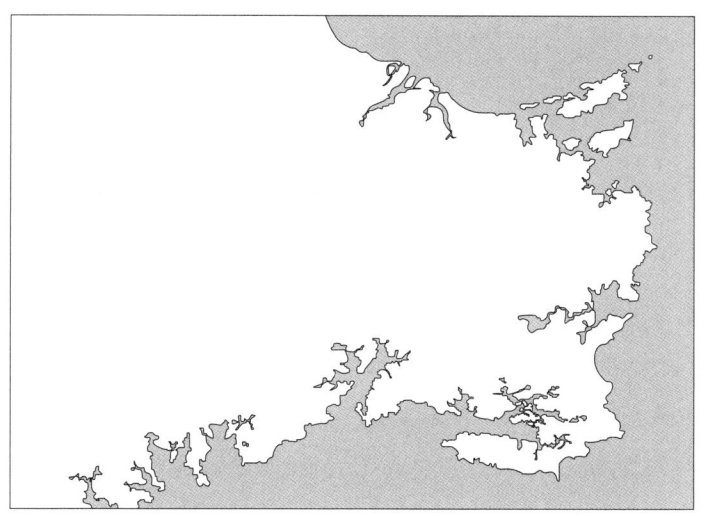

① フィヨルド (fjord)
② リアス海岸 (ria coast)
③ 海岸段丘
④ カルスト (karst)

(2) 下線部2は,具体的に何を指しているか。最も適当なものを,次の①〜④の中から一つ選びなさい。 2

① 第1次石油危機 (Oil Crisis) 後の,世界経済及び世界貿易の落ち込み
② 発展途上国の累積債務問題
③ アジア (Asia) 通貨危機
④ リーマン・ショック (the financial crisis)

(3) 上の会話中の空欄 a , b に当てはまる国の組み合わせとして正しいものを，次の①〜④の中から一つ選びなさい。　3

	a	b
①	フランス	オーストラリア
②	フランス	カナダ
③	中国	オーストラリア
④	中国	カナダ

注) フランス (France), 中国 (China), オーストラリア (Australia), カナダ (Canada)

(4) 下線部 3 に関して，第二次世界大戦後のドイツ (Germany) に関する記述として最も適当なものを，次の①〜④の中から一つ選びなさい。　4

① 東ドイツ (East Germany) は，植民地としていたチュニジア (Tunisia) やモロッコ (Morocco) の独立を承認した。

② 西ドイツはワルシャワ条約機構 (Warsaw Treaty Organization) に加盟し，東ドイツはNATO (北大西洋条約機構) に加盟した。

③ 1961年に東ドイツは，国民が東ベルリン (Berlin) から西側へ脱出することを防ぐために，東西ベルリン間に壁を築いた。

④ 西ドイツは1973年に国際連合 (UN) に加盟したが，東ドイツは東西ドイツ統合まで国際連合に加盟しなかった。

問2　次の文章を読み，下の問い(1)〜(4)に答えなさい。

　₁チリ（Chile）は，1818年の₂独立後，さまざまな混乱を経験したが，1990年代に軍事政権から民政に移行すると，おおむね持続的に経済が成長し，「中南米の優等生」と言われるようになった。さらに，チリは₃経済統合に積極的で，多くのFTA（自由貿易協定）を締結していることから，「FTA先進国」とも言われている。しかし，輸出品目の大半は，　a　を中心とする鉱産資源であり，産業の多角化が課題となっている。

(1)　下線部**1**に関して，チリは南北4,000km以上にわたって延びる細長い国で，砂漠気候やツンドラ気候など，気候区もさまざまである。次の地図は，南アメリカ（South America）大陸の気候区の分布をおおまかに示したものである。砂漠気候に属する地域として最も適当なものを，地図中の①〜④の中から一つ選びなさい。　　5

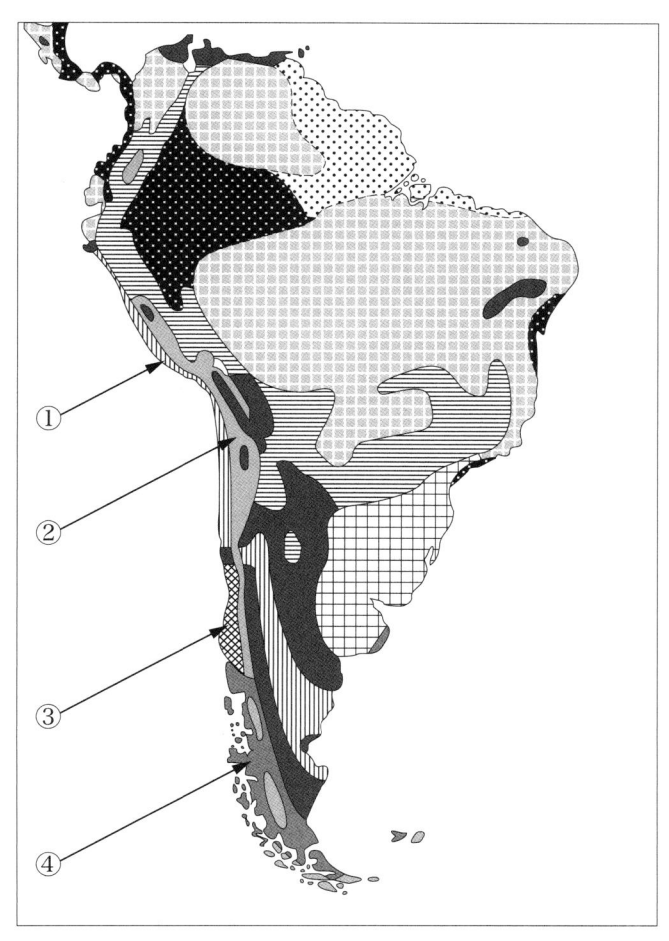

(2) 下線部 2 に関して，チリはどの国から独立したか。正しいものを，次の①〜④の中から一つ選びなさい。　6

① ポルトガル（Portugal）
② フランス
③ イギリス
④ スペイン（Spain）

(3) 下線部 3 に関して，チリは APEC（アジア太平洋経済協力）に加盟している。APEC に関する記述として最も適当なものを，次の①〜④の中から一つ選びなさい。　7

① APEC に加盟する国や地域の間において，関税同盟が成立している。
② 自由貿易の推進のため，東京ラウンドなどの多角的貿易交渉が開催されたことがある。
③ NAFTA（北米自由貿易協定）に加盟している国のすべてが，APEC に加盟している。
④ APEC の成立を契機として東南アジア（Southeast Asia）諸国においても経済統合の動きが進み，ASEAN（東南アジア諸国連合）が結成された。

(4) 上の文章中の空欄 a に当てはまる語として最も適当なものを，次の①〜④の中から一つ選びなさい。　8

① ボーキサイト（bauxite）
② 銅
③ マンガン（manganese）
④ 金

問3 巨大な設備を必要とする産業では，生産量を増やせば増やすほど平均費用（生産物1単位当たりの費用）が安くなる。これを「規模の経済」という。規模の経済を示しているグラフとして最も適当なものを，次の①～④の中から一つ選びなさい。　9

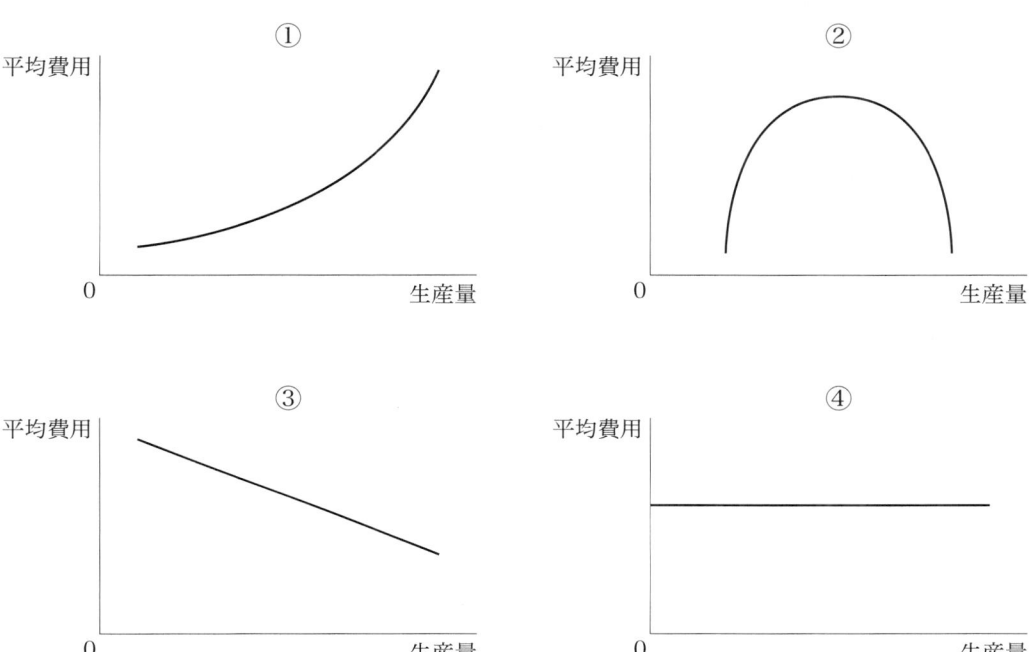

問4 経済主体としての家計の経済活動に関する次の文章中の空欄 a ～ c に当てはまる語の組み合わせとして最も適当なものを，下の①～④の中から一つ選びなさい。

10

家計は，賃金，配当， a などの形で所得を得る。そして，所得から租税や社会保険料を支払った残りの金額である b を，家族の生活を向上させるための消費支出または貯蓄にまわしている。消費支出は，家計の保有する株や土地などの価格が上がると増える傾向があり，これを c という。

	a	b	c
①	補助金	可処分所得	逆資産効果
②	補助金	減価償却費	逆資産効果
③	地代	可処分所得	資産効果
④	地代	減価償却費	資産効果

問5 次の表は，X国の2016年の国民所得を示したものである。X国の2016年のGDP（国内総生産）の額として最も適当なものを，下の①〜④の中から一つ選びなさい。 11

項目	額（兆円）
国内の総生産額	1,000
中間生産物	500
海外からの純所得	30

① 1,530兆円

② 1,500兆円

③ 500兆円

④ 470兆円

問6 経済が発展するに伴い，産業構造の中心が第一次産業から，第二次産業，第三次産業へと移行することを何と呼ぶか。最も適当なものを，次の①〜④の中から一つ選びなさい。 12

① 三面等価の原則

② ｋ％ルール

③ デファクト・スタンダード（de facto standard）

④ ペティ・クラークの法則（Petty-Clark's law）

問7　次の文章に関する下の問い(1), (2)に答えなさい。

政府が行う経済活動を，財政という。財政の機能には，次の三つがある。第一は，a である。道路や警察などの公共財は，市場に任せていては十分な水準での供給をすることが難しいため，政府がその役割を担う。第二は，b である。累進課税制度や社会保障制度により，政府が所得格差是正の役割を担う。第三は，c である。不況期には景気回復を促し，好況期には景気の過熱を抑える役割を政府が担う。

(1) 上の文章中の空欄 a ～ c に当てはまる語の組み合わせとして最も適当なものを，下の①～④の中から一つ選びなさい。　13

	a	b	c
①	資源配分の調整	所得の再分配	景気の安定化
②	資源配分の調整	景気の安定化	所得の再分配
③	消費者主権	外部委託	景気循環
④	消費者主権	景気循環	外部委託

(2) 下線部に関して，このような機能を持つ制度として最も適当なものを，次の①～④の中から一つ選びなさい。　14

① 消費税
② 住民税
③ 医療保険
④ 雇用保険（失業保険）

問8 日本銀行の金融政策に関する記述として最も適当なものを，次の①〜④の中から一つ選びなさい。　15

① 政策金利を実質的に0％にまで誘導する，ゼロ金利政策が行われたことがある。
② 買いオペレーションは，景気が過熱しているときに行われる手段である。
③ インフレターゲット（inflation targeting）は，インフレの進行に歯止めがきかなくなる恐れがあるため，日本銀行が導入したことはない。
④ 日本銀行が金融市場で手形や国債などの債券を売買することを，公定歩合操作という。

問9 EU（欧州連合）に関する記述として最も適当なものを，次の①〜④の中から一つ選びなさい。　16

① EUは，ローマ条約（Treaty of Rome）の発効により成立した。
② EUの本部は，ベルギー（Belgium）のブリュッセル（Brussels）に置かれている。
③ シェンゲン協定（Schengen Agreement）とは，EU域内の農業を保護するための協定である。
④ EU加盟国のうち，デンマーク（Denmark）やギリシャ（Greece）は共通通貨ユーロを使用していない。

問10 次のグラフは，日本，中国，韓国（South Korea），アメリカの実質経済成長率の推移を示したものである。グラフ中のA～Dに当てはまる国の組み合わせとして最も適当なものを，下の①～④の中から一つ選びなさい。 17

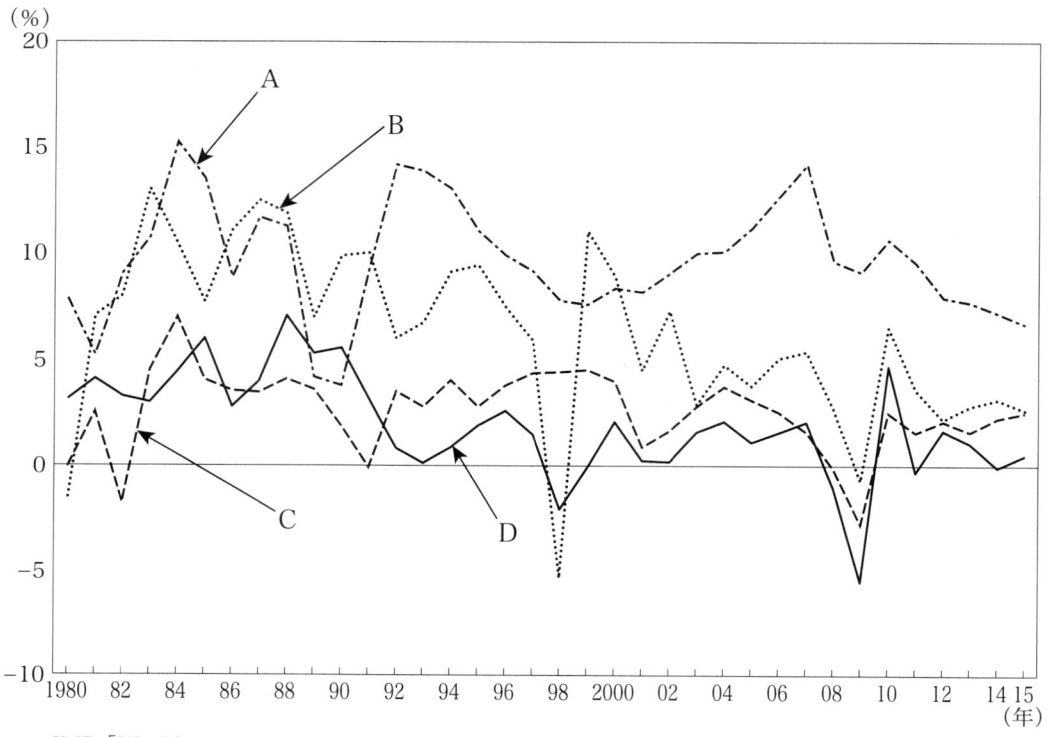

IMF「World Economic Outlook Database, October 2016」より作成

	A	B	C	D
①	中国	アメリカ	日本	韓国
②	中国	韓国	アメリカ	日本
③	アメリカ	日本	中国	韓国
④	アメリカ	韓国	日本	中国

問11 南アジア（South Asia）の地形に関する次の文章中の空欄 a ， b に当てはまる語の組み合わせとして最も適当なものを，下の①〜④の中から一つ選びなさい。

18

南アジアの地形は，北部の a である急峻な山脈と，中南部の平坦なデカン（Deccan）高原を中心とした b からなるインド半島（Indian Peninsula），そして両者の間に位置し，ガンジス川（the Ganges）やブラマプトラ川（Brahmaputra）によって形成されたヒンドスタン（Hindustan）平原の三つに区分される。

	a	b
①	古期造山帯	安定陸塊
②	古期造山帯	新期造山帯
③	新期造山帯	安定陸塊
④	新期造山帯	古期造山帯

問12 次のグラフA～Dは，日本，アメリカ，ナイジェリア (Nigeria)，インド (India) の出生率と死亡率の推移（予測を含む）を示したものである。グラフA～Dに当てはまる国の組み合わせとして最も適当なものを，下の①～④の中から一つ選びなさい。

19

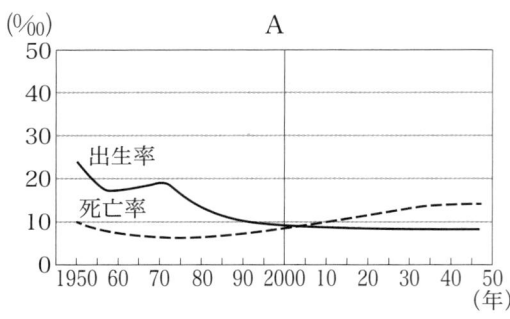
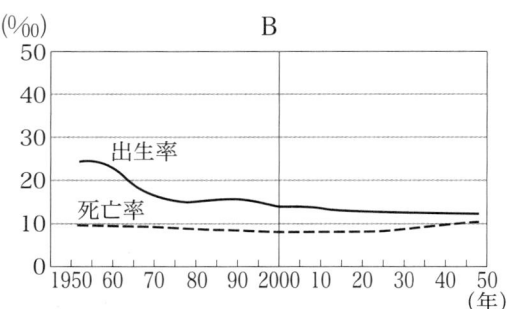
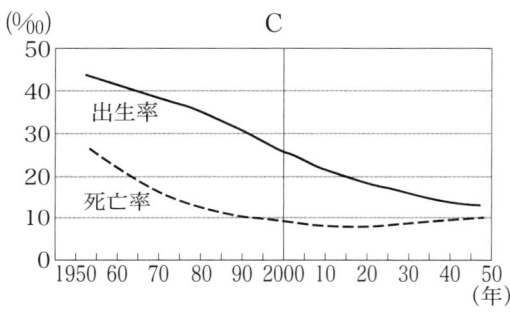
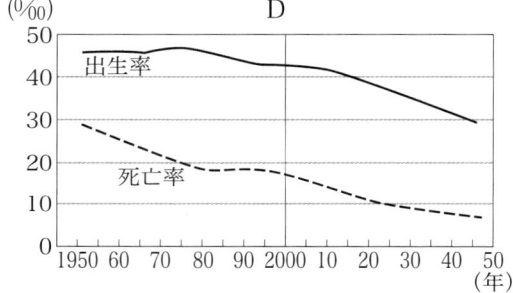

二宮書店編集部『データブック オブ・ザ・ワールド 2017年版』より作成

	A	B	C	D
①	日本	アメリカ	インド	ナイジェリア
②	日本	アメリカ	ナイジェリア	インド
③	アメリカ	日本	インド	ナイジェリア
④	アメリカ	日本	ナイジェリア	インド

問13 次の表は，2013年における日本，中国，ドイツ，フランスの発電エネルギー源別割合を示したものである。ドイツに当てはまるものとして最も適当なものを，次の①～④の中から一つ選びなさい。 20

単位：％

	火力	水力	原子力	地熱・新エネルギー
①	9.0	13.2	74.0	3.8
②	78.2	16.9	2.1	2.9
③	90.5	7.8	0.9	0.8
④	66.7	4.5	15.4	13.4

矢野恒太記念会『世界国勢図会　2016/17年版』より作成

問14 小麦に関する記述として**適当でないもの**を，次の①～④の中から一つ選びなさい。 21

① 小麦の原産地は，中央アジア（Central Asia）と考えられている。

② 2013年において小麦の生産量が最も多い国は，中国である。

③ 2012年において小麦の輸出量が最も多い国は，アメリカである。

④ 小麦の栽培北限の都市として，ローマ（Rome）が挙げられる。

問15 次の表は，2014年におけるりんご収穫量の上位5都道府県を示したものである。表中のAに当てはまる都道府県として最も適当なものを，下の①～④の中から一つ選びなさい。 22

	都道府県名	収穫量（千t）
1位	A	468
2位	長野県	163
3位	山形県	52
4位	岩手県	47
5位	福島県	28

二宮書店編集部『データブック　オブ・ザ・ワールド　2017年版』より作成

① 鹿児島県

② 宮崎県

③ 東京都

④ 青森県

問16 主な宗教に関する記述として最も適当なものを，次の①～④の中から一つ選びなさい。 23

① キリスト教は，カトリック，プロテスタント，東方正教に大きく分かれており，南アメリカでは東方正教を信仰する人が多い。

② イスラーム教は乾燥地域で生まれた宗教のため，熱帯地域にはまったく広まらなかった。

③ 仏教は，出家などの修行や戒律を重視する上座仏教と，あらゆる人々の救済をめざす大乗仏教に大きく分かれている。

④ チベット仏教は，インドにおいて最も信仰されている宗教であり，カースト（Caste）制度とともに，人々の社会的行動に大きな影響力を有している。

問17 都市に関する説明として最も適当なものを，次の①～④の中から一つ選びなさい。 24

① メッカ（Mecca）は，イスラーム教やヒンドゥー教において聖地とされる，サウジアラビア（Saudi Arabia）の宗教都市である。
② キャンベラ（Canberra）は計画的に建設された都市で，首都機能に特化したブラジル（Brazil）の政治都市である。
③ ハイデルベルク（Heidelberg）は，ドイツ最古の大学が存在する学術都市である。
④ ニース（Nice）は，地中海（Mediterranean Sea）に面したイタリアの観光保養都市である。

問18 ロック（John Locke）の社会契約説に関する次の文章中の空欄 a ， b に当てはまる語の組み合わせとして最も適当なものを，下の①～④の中から一つ選びなさい。 25

　ロックは，その主著『 a 』において，人間は生命・自由・財産を守る権利を持っており，この権利をより確実にするために，人々は相互に契約を結んで国家（政府）を設立するものと考えた。そして，政府の目的は国民の権利を保護することであり，もし政府が国民の権利を侵害した場合には，国民は政府に対して b する権利や政府をとりかえる権利（革命権）を持つと説いた。

	a	b
①	社会契約論	抵抗
②	社会契約論	服従
③	統治二論	抵抗
④	統治二論	服従

注）『社会契約論』（*Du Contrat Social ou Principes du droit politique*），
　　『統治二論』（*Two Treatises of Government*）

問19 統治権が中央政府に集中する国家を「単一国家」、複数の州や共和国などが連邦政府のもとに結合して成立した国家を「連邦国家」と呼ぶ考え方がある。この場合において、単一国家と連邦国家の組み合わせとして最も適当なものを、次の①～④の中から一つ選びなさい。　26

	単一国家	連邦国家
①	カナダ	イタリア
②	アメリカ	メキシコ
③	フランス	韓国
④	日本	ドイツ

注）メキシコ（Mexico）

問20 ワイマール憲法（Weimar Constitution）に関する記述として最も適当なものを、次の①～④の中から一つ選びなさい。　27

① 世界で初めて社会権を保障した憲法であった。
② 所有権は神聖不可侵なものであるとされた。
③ 社会保障の理念として「ゆりかごから墓場まで」がうたわれた。
④ 労働者の団結権は保障されなかった。

問21 日本の地方公共団体（地方自治体）の事務は、1999年制定の地方分権一括法により二つの区分に再編された。その二つの区分として最も適当なものを、次の①～④の中から一つ選びなさい。　28

① 自治事務と法定受託事務
② 自治事務と機関委任事務
③ 固有事務と法定受託事務
④ 固有事務と機関委任事務

問22　衆議院の解散は，内閣不信任決議案が可決された場合や内閣信任決議案が否決された場合のほかに，解散によって国民の意思を問うべき正当な理由がある場合には，行うことができるとする考え方がある。この考え方の根拠となるものの記述として最も適当なものを，次の①〜④の中から一つ選びなさい。 29

① 内閣は統治権を有するから，自由に衆議院を解散してもよい。
② 衆議院の解散は，総選挙によって国民の意思を問い，それを衆議院に反映させようという制度である。
③ 衆議院の解散権は，内閣だけでなく衆議院自らも有する。
④ 憲法上明文で解散を行うことができる場合として規定されていなければ，衆議院を解散することはできない。

問23　日本国憲法に定められた表現の自由に関する記述として最も適当なものを，次の①〜④の中から一つ選びなさい。 30

① 表現の自由には，自らが信仰する宗教に関する著書を発表する自由は含まれない。
② 表現の自由は，多様な意見の表明を通じて民主政治を機能させる重要な人権であると言える。
③ 通信の秘密は，電子メールによる通信の内容を対象としていない。
④ 最高裁判所は，教科書検定が，憲法で禁止された検閲に該当すると判断している。

問24　日本における司法権の独立に関する記述として最も適当なものを，次の①〜④の中から一つ選びなさい。　31

① 裁判官は手厚い身分保障がされており，罷免されるのは国民審査で罷免を可とする投票が過半数となった場合のみである。
② 憲法では，行政機関が裁判を行うことは一切できないと規定している。
③ 裁判官の独立とは，国会や内閣からの干渉だけでなく，他の裁判官からも干渉を受けずに職権を行使できることを意味している。
④ 内閣は，裁判所の事務処理に関する規則を制定することができる。

問25　世界人権宣言（Universal Declaration of Human Rights）や国際人権規約（International Covenants on Human Rights）に関する記述として最も適当なものを，次の①〜④の中から一つ選びなさい。　32

① 世界人権宣言には，社会権の保障に関する規定は存在しない。
② 世界人権宣言は批准した国を法的に拘束する効力を有するため，日本は一部規定を留保して批准している。
③ 国際人権規約で認められている権利を侵害された個人は，国際司法裁判所に直接に訴えを提起することができる。
④ 日本は，国際人権規約B規約の第二選択議定書（死刑廃止条約）を批准していない。

注）第二選択議定書（Second Optional Protocol to the International Covenant on Civil and Political Rights）

問26 日本で警察予備隊が創設される原因となった出来事として最も適当なものを，次の①～④の中から一つ選びなさい。　33

① キューバ危機（Cuban Missile Crisis）
② 朝鮮戦争（Korean War）の勃発
③ ソ連（USSR）のアフガニスタン（Afghanistan）侵攻
④ 安保闘争

問27 ウィーン（Vienna）会議に関する記述として最も適当なものを，次の①～④の中から一つ選びなさい。　34

① ウィーン会議の議長は，ドイツの宰相ビスマルク（Otto von Bismarck）であった。
② 神聖ローマ帝国（Holy Roman Empire）を復活させることが決まった。
③ オーストリア（Austria）は，北イタリア（North Italy）の一帯を獲得することが決まった。
④ フランスは，ナポレオン（Napoléon Bonaparte）がヨーロッパ（Europe）を混乱させた責任を取らされ，独立を失うことになった。

問28 19世紀後半のイタリアに関する記述として最も適当なものを，次の①～④の中から一つ選びなさい。　35

① マッツィーニ（Giuseppe Mazzini）が率いる「青年イタリア」はローマ共和国の建国を試みたが，ドイツ軍に敗れ，失敗に終わった。
② イタリア統一を達成したのは，いち早く産業革命を終えたイタリア西部のサルデーニャ（Sardegna）王国であった。
③ サルデーニャ王国は，サヴォイア（Savoia）とミラノ（Milano）をフランスに譲ることと引き換えに，中部イタリアの併合をフランスに認めさせた。
④ ガリバルディ（Giuseppe Garibaldi）は，シチリア（Sicily），ヴェネツィア（Venezia），ローマ教皇領を占領し，イタリア王国の国王となった。

問29 1955年に開かれたアジア・アフリカ会議 (Asian-African Conference) に関する記述として最も適当なものを，次の①～④の中から一つ選びなさい。 36

① エジプト (Egypt) のカイロ (Cairo) に，アジア・アフリカ諸国の代表が集まって開かれた。
② 植民地の解放をめざす新植民地主義を世界に呼びかけた。
③ 平和共存・反植民地主義をうたった平和十原則が採択された。
④ 中東 (Middle East) や北アフリカ (North Africa) で起こった民主化運動である「アラブの春 (Arab Spring)」への対応が，会議の主題の一つであった。

問30 日米修好通商条約 (The Treaty of Amity and Commerce Between the United States and Japan) などの通商条約締結により，日本と欧米諸国の間で貿易が開始された。貿易開始直後の日本の状況に関する記述として最も適当なものを，次の①～④の中から一つ選びなさい。 37

① 日本の開港地のうちで輸出入額が最も多かったのは，神戸であった。
② 日本の最大の輸入品目は，生糸 (raw silk and silk yarn) であった。
③ 日本の最大の取引相手国は，イギリスであった。
④ 日本と諸外国の金銀交換比率は同率とされたため，金貨が外国に流出することはなかった。

問31 日本とロシアは，日露戦争 (Russo-Japanese War) の講和条約としてポーツマス条約 (Treaty of Portsmouth) を結んだ。しかし，日本がロシアから賠償金を得られなかったことなどに対し，不満を持った民衆が暴動を起こした。この事件を何というか。最も適当なものを，次の①～④の中から一つ選びなさい。 38

① 五・一五事件
② 柳条湖事件
③ 日比谷焼打ち事件
④ 江華島事件

第 6 回 模擬試験

解答時間：80分

6

問1　次の会話を読み，下の問い(1)～(4)に答えなさい。

よし子：₁自衛隊の観艦式（かんかんしき）に行ってきました。すごく壮観で，とても感動しました。

先　生：貴重な体験をしましたね。

よし子：あれだけの規模の艦艇（かんてい）を維持するには，₂お金がかかりそうですね。

先　生：そうですね。₃自衛隊の発足当初に比べて，防衛関係費の額は大きく増えています。ただし，防衛関係費が増加することが一概（いちがい）に悪いとは言えません。

よし子：自衛隊は，国防だけでなく，いろいろな任務を果たしていますね。

先　生：₄PKO協力法（国連平和維持活動協力法）が制定されてからは，海外にも多く派遣されていますね。

よし子：自衛隊には，これからも日本の安全保障を確保するために，がんばってほしいと思います。

(1) 下線部1に関して，自衛隊に関する記述として最も適当なものを，次の①～④の中から一つ選びなさい。　　　　　　　　　　　　　　　　　　　　　　　　1

① 自衛隊の最高指揮権は，文民である内閣総理大臣が持つ。
② 自衛隊が災害地に派遣されることは，法律で禁止されている。
③ 国家公安委員会は，治安維持のために設置された自衛隊の下部組織である。
④ 自衛隊員には，団体行動権（争議権）が保障されている。

(2) 下線部 2 に関して，次の表は，インド (India)，中国 (China)，オマーン (Oman)，コスタリカ (Costa Rica) の国防支出総額と軍隊の正規兵力を示したものである。コスタリカに当てはまるものとして最も適当なものを，表中の①〜④の中から一つ選びなさい。　2

	国防支出総額（百万ドル）（2015年）	正規兵力（千人）（2016年）
①	9,887	43
②	145,832	2,333
③	439	—
④	47,956	1,346

矢野恒太記念会『世界国勢図会　2016/17年版』より作成

(3) 下線部 3 に関して，自衛隊の前身である警察予備隊が創設されるきっかけとなった出来事は朝鮮戦争 (Korean War) であった。朝鮮戦争に関する記述として最も適当なものを，次の①〜④の中から一つ選びなさい。　3

① 朝鮮戦争では，国連憲章に基づく国連軍が派遣された。
② フランス (France) は，人民義勇軍を派遣した。
③ 朝鮮戦争に伴う特需により日本経済は急速に上向き，工業生産は戦前（1934〜36年の平均）の水準に回復した。
④ 休戦協定は，1953年にアメリカ (USA) のポーツマス (Portsmouth) で結ばれた。

(4) 下線部 4 に関して，自衛隊がPKOで派遣されたことがある国として<u>正しくないもの</u>を，次の①〜④の中から一つ選びなさい。　4

① カンボジア (Cambodia)
② 南スーダン (South Sudan)
③ ハイチ (Haiti)
④ コロンビア (Colombia)

問2 次の文章を読み，下の問い(1)～(4)に答えなさい。

　ベルギー（Belgium）は，ウィーン（Vienna）体制成立後の1830年に　a　から独立し，翌1831年に、₁立憲王国となった。ベルギーでは独立とほぼ時を同じくして，イギリス（UK）に次いで，世界で2番目に₂産業革命が起こった。石炭の豊富な地域があったことがその大きな理由で，石炭産出の中心地であった₃南部のワロン地方（Wallonia）は，現在，世界遺産になっている。

(1) 上の文章中の空欄　a　に入る国として正しいものを，次の①～④の中から一つ選びなさい。　　5

① オランダ（Netherlands）
② ポルトガル（Portugal）
③ フランス
④ スペイン（Spain）

(2) 下線部1に関して，国王の存在する国として正しいものを，次の①～④の中から一つ選びなさい。　　6

① ポルトガル
② アメリカ
③ サウジアラビア（Saudi Arabia）
④ アルゼンチン（Argentina）

(3) 下線部 2 に関して，イギリスの産業革命に関する次の文章中の空欄 b ， c に当てはまる語の組み合わせとして最も適当なものを，下の①〜④の中から一つ選びなさい。　7

　イギリスの産業革命は，イングランド（England）中北部に位置する都市マンチェスター（Manchester）を中心として，綿工業の分野で始まった。1733年に b によって飛び杼(とひ)が発明されると，綿織物の生産量が増加し，綿糸の不足がしばらく続いた。その後，多様な紡績機の発明によって良質な綿糸が量産できるようになったことをうけて，1785年に c が力織機(りきしょっき)を発明した。また，このような新たな紡績機や機織(はたお)り機では，水力に代わって蒸気機関が動力として利用され，生産の効率はさらに高まった。その結果，イギリスの綿製品は19世紀初頭にはヨーロッパ（Europe）だけでなく，世界各地に輸出されるようになった。

	b	c
①	ジョン・ケイ	カートライト
②	ジョン・ケイ	アークライト
③	ニューコメン	カートライト
④	ニューコメン	アークライト

注）ジョン・ケイ（John Kay），ニューコメン（Thomas Newcomen），
　　カートライト（Edmund Cartwright），アークライト（Richard Arkwright）

(4) 下線部3に関して，次の文章中の空欄 d ， e に当てはまる語の組み合わせとして最も適当なものを，下の①～④の中から一つ選びなさい。 8

　一つの国家が，それぞれ異なる言語を持つ複数の民族によって構成されている場合，それらの民族の間で対立が生じることがある。例えばベルギーでは， d 語， e 語，ドイツ語（German）が公用語とされているが，北部の d 語系の言語を話す人々と，南部の e 語系の言語を話す人々の間で，「言語紛争」とも言われる対立が長く続き，1993年に連邦制に移行する要因となった。

	d	e
①	オランダ	フランス
②	オランダ	デンマーク
③	スペイン	フランス
④	スペイン	デンマーク

注）デンマーク（Denmark）

問3　ある財についての需要曲線または供給曲線のシフトに関する記述として最も適当なものを，次の①～④の中から一つ選びなさい。 9

① 人々の賃金が上昇すると，需要曲線は左にシフトする。
② ある財の人気が下落すると，需要曲線は右にシフトする。
③ ある財の輸入量が増大すると，供給曲線は左にシフトする。
④ ある財に技術革新が起こると，供給曲線は右にシフトする。

問4 独占・寡占に関する記述として最も適当なものを，次の①〜④の中から一つ選びなさい。　10

① 独占や寡占の弊害が消費者に及ぶことを防ぐために独占禁止法が制定されており，その運用を担う機関として消費者庁がある。
② 管理価格とは，政府が設定した価格の範囲に収まるように企業が定める価格のことであり，寡占市場で起こりやすい。
③ 寡占市場では，デザインの差別化や宣伝・広告を競う非価格競争が起こりやすい。
④ 持株会社は独占や寡占を生じさせやすいため，日本では持株会社の設立は原則禁止となっている。

問5 日本において消費税が導入された時期として最も適当なものを，次の①〜④の中から一つ選びなさい。　11

① ドッジ・ライン（Dodge Line）が実行された時期
② 公害対策基本法が制定された時期
③ バブル経済の時期
④ バブル経済崩壊後の財政構造改革法が成立した時期

問6 日本の社会保障制度に関する次の文章中の空欄 a ～ d に当てはまる語の組み合わせとして最も適当なものを，下の①～④の中から一つ選びなさい。　**12**

日本の社会保障制度は，四つの柱から成り立っている。一つめは， a である。これは，病気，けが，老齢に対して経済保障を行うしくみであり，医療，年金，介護，雇用，労災の五種類がある。二つめは， b である。これは，生活保護法に基づき，すべての国民に対して必要に応じて最低限度の生活を保障するしくみである。三つめは， c である。これは，感染症の予防など，国民の健康を増進させるためのしくみである。四つめは， d である。これは，障害者や高齢者など，社会的な保護や援助を必要とする人々に対して，施設やサービスを提供するしくみである。

	a	b	c	d
①	社会保険	公衆衛生	社会福祉	公的扶助
②	社会保険	公的扶助	公衆衛生	社会福祉
③	社会福祉	社会保険	公的扶助	公衆衛生
④	社会福祉	公的扶助	社会保険	公衆衛生

問7 次の文章中の空欄 a ～ d に当てはまる語の組み合わせとして最も適当なものを，下の①～④の中から一つ選びなさい。　**13**

仮に，今，外国為替市場において円安ドル高になっているとする。このとき，電化製品の売買を考えると，日本国内では，円安ドル高になるほど，アメリカの製品は日本の製品に対して a となるため，日本国内でのアメリカの製品の需要が b する。逆に，アメリカ国内では，円安ドル高になるほど，日本の製品はアメリカの製品に対して c となるため，アメリカ国内での日本の製品の需要が d する。

	a	b	c	d
①	割高	増加	割安	減少
②	割高	減少	割安	増加
③	割安	増加	割高	減少
④	割安	減少	割高	増加

問 8 次の文章に関する下の問い(1), (2)に答えなさい。

　2016年にイギリスの首相に就任したメイ（Theresa May）は、イギリス史上2人目の女性首相である。イギリス史上初の女性首相はサッチャー（Margaret Thatcher）で、1979年から1990年まで首相を務めた。当時のイギリスは「イギリス病（British disease）」と称されるほどに経済が振るわなかったが、そのような中で首相に就任した彼女は、イギリスを立ち直らせるために、　a　などを行い、大きな政府から小さな政府への転換を図った。

(1) 下線部に関して、サッチャーの所属政党として正しいものを、次の①～④の中から一つ選びなさい。　14

① 労働党
② 自由党
③ 保守党
④ スコットランド（Scotland）国民党

(2) 上の文章中の空欄　a　に当てはまる語として最も適当なものを、次の①～④の中から一つ選びなさい。　15

① 公営企業の民営化
② 非関税障壁の構築
③ 多くの国営企業の設置
④ 大規模店舗の出店規制

①　24億円

問10 次の文章中の空欄 a , b に当てはまる語の組み合わせとして最も適当なものを，下の①～④の中から一つ選びなさい。　17

日本の経済成長は輸出によるところが大きかったために， a 収支の黒字が定着していたが，2011年に a 収支は赤字に転落した。一方で， b 収支は2005年に a 収支の黒字額を上回り，近年では大幅な黒字を記録している。

	a	b
①	貿易	第二次所得
②	貿易	第一次所得
③	金融	第二次所得
④	金融	第一次所得

問11 プライマリーバランス（primary balance）に関する説明として最も適当なものを，次の①～④の中から一つ選びなさい。　18

① 歳入総額から国債発行収入を差し引いた金額と，歳出総額から国債費及び公共事業関係費を差し引いた金額との収支である。

② 歳入総額から国債発行収入及び直接税収入を差し引いた金額と，歳出総額から国債費を差し引いた金額との収支である。

③ 歳入総額から国債発行収入を差し引いた金額と，歳出総額から国債費を差し引いた金額との収支である。

④ 歳入総額から国債発行収入及び直接税収入を差し引いた金額と，歳出総額から国債費及び公共事業関係費を差し引いた金額との収支である。

問12 第二次世界大戦後の日本の農業に関する記述として最も適当なものを，次の①～④の中から一つ選びなさい。 19

① GHQ（連合国軍総司令部）の指示により，農地改革の一環として減反政策が実施された。
② 1年間に60日以上農業に従事している65歳未満の者がいない農家のことを，主業農家と呼ぶ。
③ 東京ラウンドの交渉の結果，米の部分開放が決定され，国内消費量の4～8％の最低輸入義務が課せられた。
④ 1990年代に，食糧管理制度は廃止された。

問13 次の表は，A国とB国の，毛織物とぶどう酒1単位の生産に必要な労働投入量を表したものである。なお，両財とも生産に当たっては労働のみが必要であるものとする。また，各国における全労働者は，必ずこの二つの産業のうちのどちらかに雇用されているものとする。今，A国のぶどう酒の生産を1単位減らし，B国のぶどう酒の生産を1単位増やすとする。このとき，両国の毛織物の生産は何単位増加するか。最も適当なものを，次の①～④の中から一つ選びなさい。 20

	毛織物	ぶどう酒
A国	40	100
B国	160	120

① 0.25単位
② 0.75単位
③ 1.25単位
④ 1.75単位

問14 国際連合（UN）の専門機関や，総会によって設立された機関に関する記述として最も適当なものを，次の①〜④の中から一つ選びなさい。 21

① IMF（国際通貨基金）の第1回会議では，先進国が発展途上国の製品に対して特恵関税制度を採用することが議決された。

② ILO（国際労働機関）は，世界中のすべての人々の労働条件の向上を図る機関である。

③ UNCTAD（国連貿易開発会議）は，自由貿易の発展のための国際的な金融協力や，為替相場の安定化を図ることを目的としている。

④ IBRD（国際復興開発銀行）の加盟国は，資本の自由化を義務づけられる。

問15 次の図は，世界の主なプレートの分布をおおまかに示したものである。双方のプレートが水平方向にすれ違って横ずれ断層をつくる境界を「ずれる境界」と呼ぶが，その「ずれる境界」として最も適当なものを，次の図中の①〜④の中から一つ選びなさい。 22

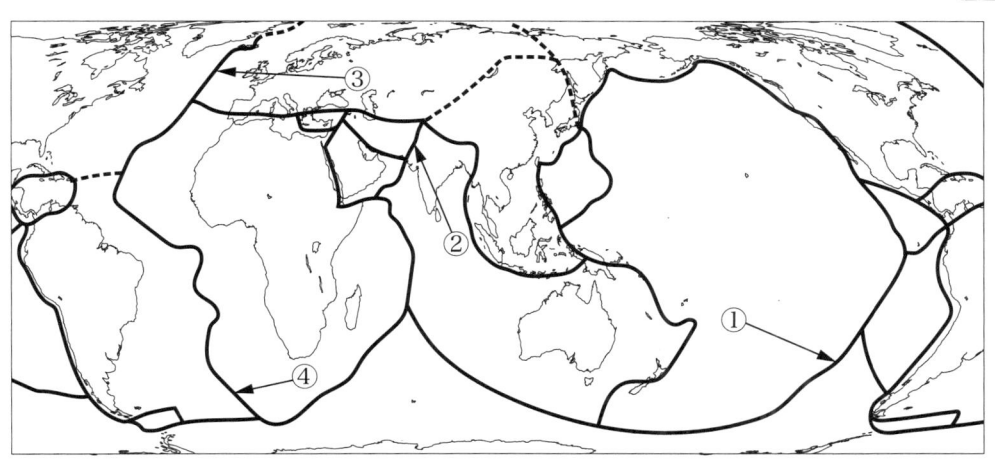

問16 次の地図は，メルカトル図法で描かれている。この図法において，マダガスカル島（Madagascar Island）の位置が正確に示されているものとして最も適当なものを，次の①〜④の中から一つ選びなさい。 23

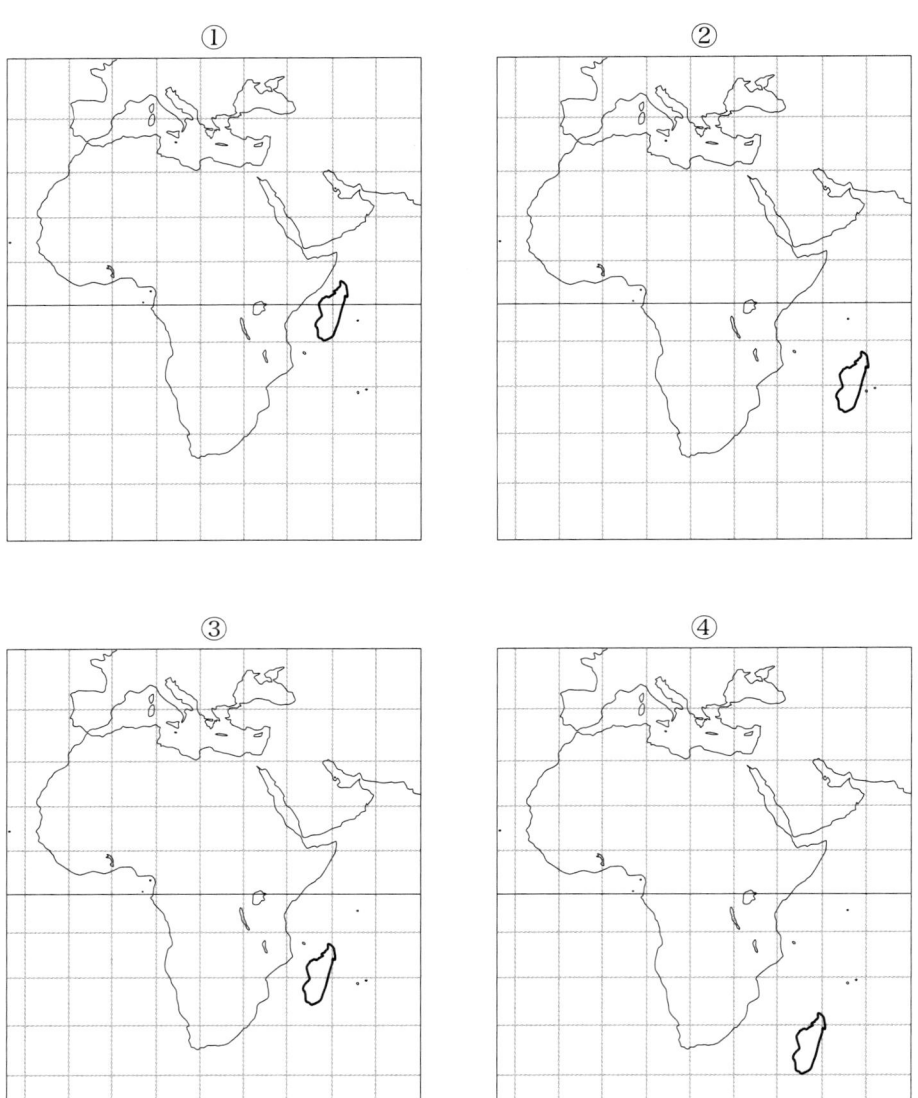

問17 次のグラフは、らっかせい、かぶ、ほうれんそう、日本なしの都道府県別生産割合を示したものである。グラフ中のAに当てはまる都道府県として最も適当なものを、下の①～④の中から一つ選びなさい。 24

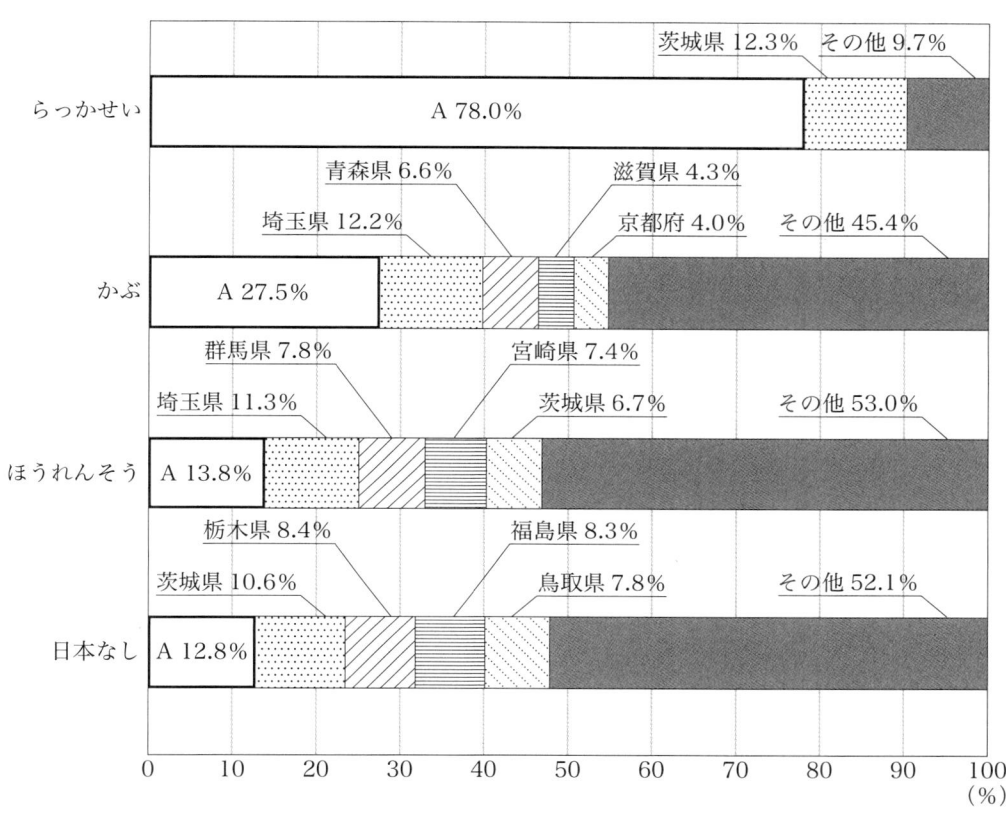

注) らっかせい、日本なしは2015年、かぶ、ほうれんそうは2014年のデータによる。
総務省統計局ウェブサイトより作成

① 千葉県
② 北海道
③ 大阪府
④ 愛知県

問18　次の表は，ユーラシア (Eurasia) 大陸，アフリカ (Africa) 大陸，北アメリカ (North America) 大陸，南アメリカ (South America) 大陸，オーストラリア (Australia) 大陸の気候区の面積の割合を示したものである。北アメリカ大陸に当てはまるものとして最も適当なものを，表中の①〜④の中から一つ選びなさい。　25

単位：％

	熱帯雨林気候	サバナ気候	ステップ気候	砂漠気候	地中海性気候	亜寒帯湿潤気候	ツンドラ気候	その他
ユーラシア大陸	3.5	3.9	15.9	10.2	2.2	25.8	9.8	28.7
①	7.9	9.0	25.8	31.4	7.9	0.0	0.0	18.0
②	19.8	18.8	21.5	25.2	1.3	0.0	0.0	13.4
③	26.9	36.5	6.7	7.3	0.3	0.0	1.6	20.7
④	2.8	2.4	10.7	3.7	0.8	43.4	17.3	18.9

二宮書店編集部『データブック　オブ・ザ・ワールド　2017年版』より作成

問19　日本列島は，夏を過ぎると台風の接近が多くなる。その要因の一つに，日本周辺に位置する気団の勢力が弱まるということがある。その気団として最も適当なものを，次の①〜④の中から一つ選びなさい。　26

① 長江気団
② 小笠原気団
③ 赤道気団
④ オホーツク海気団

問20　次の表は，2014年における日本，アメリカ，ロシア（Russia），インドの鉄道の総営業距離と輸送量（旅客及び貨物）を示したものである。表中のA〜Dに当てはまる国の組み合わせとして最も適当なものを，下の①〜④の中から一つ選びなさい。 27

	総営業距離（千km）	旅客輸送量（億人km）	貨物輸送量（億t km）
A	85.3	1,288	22,986
B	65.8	11,587	6,658
C	27.8	4,140	210
D	228.2	103	25,246

矢野恒太記念会『世界国勢図会　2016/17年版』より作成

	A	B	C	D
①	ロシア	インド	日本	アメリカ
②	ロシア	アメリカ	インド	日本
③	アメリカ	ロシア	日本	インド
④	アメリカ	日本	インド	ロシア

問21　イギリス南西部からベネルクス（Benelux）3国，ルール（Ruhr）工業地帯，ライン川（the Rhine）流域，イタリア（Italy）北部にかけての一帯は，各種工業が集積しており，発展を続けている。この一帯のことを何と呼ぶか。最も適当なものを，次の①〜④の中から一つ選びなさい。 28

① シリコンバレー（Silicon Valley）

② サンベルト（Sunbelt）

③ リサーチトライアングルパーク（Research Triangle Park）

④ ブルーバナナ（Blue Banana）

問22 BRICSの共通点と考えられることとして**適当でないもの**を，次の①〜④の中から一つ選びなさい。ただし，南アフリカは除外する。　29

① 国土の面積が広い。
② 国教が同一である。
③ 資源を豊富に有している。
④ 人口が多い。

問23 次の表は，EU（欧州連合），ASEAN（東南アジア諸国連合），NAFTA（北米自由貿易協定），MERCOSUR（南米南部共同市場）の2014年におけるさまざまな指標の規模を示したものである。NAFTAに当てはまるものとして最も適当なものを，表中の①〜④の中から一つ選びなさい。　30

	面積 (千km²)	人口 (百万人)	名目GDP (億ドル)	貿易額（億ドル） 輸出	輸入
①	21,783	480	204,282	24,910	32,785
②	4,382	505	185,184	59,879	58,819
③	13,886	300	35,214	4,093	3,824
④	4,486	625	25,111	12,880	12,354

注）GDP（国内総生産）
矢野恒太記念会『世界国勢図会　2016/17年版』より作成

問24 ある思想家は，イギリスの人々は自らのことを自由だと思っているがそれは誤りであり，彼らが自由なのは議員を選挙する間だけのことで，議員が選ばれてしまうと彼らは奴隷となる，と主張した。その思想家として正しいものを，次の①～④の中から一つ選びなさい。 31

① ホッブズ（Thomas Hobbes）
② ロック（John Locke）
③ ルソー（Jean-Jacques Rousseau）
④ ロールズ（John Rawls）

問25 「平等」については，機会の平等と結果の平等の考え方がある。機会の平等とは法の取り扱いの均等をめざす考え方であり，結果の平等は各人の置かれている現実の状況に着眼して，合理的な区別により社会的な格差を是正することをめざす考え方である。結果の平等の考え方に沿った政策の例として最も適当なものを，次の①～④の中から一つ選びなさい。 32

① 一定の年齢に達した国民に，国会議員の選挙に投票する資格を認める
② 使用者に対して，労働者の信条を理由として差別することを禁止する
③ 地方議会において，議員定数の一定割合を女性とする
④ 所得の大小に関係なく，すべての国民から等しい額の税を徴収する

問26 日本の内閣総理大臣に関する記述として最も適当なものを，次の①～④の中から一つ選びなさい。 33

① 日本国憲法には，内閣についての規定はあるが，内閣総理大臣についての規定はない。
② 内閣総理大臣は，閣議を主宰する権限や，行政各部を指揮監督する権限を有する。
③ 内閣総理大臣が死亡により欠けた場合，内閣は国会に緊急集会を開くことを要請しなければならない。
④ 国会議員は，弾劾裁判所を設置して内閣総理大臣を罷免することができる。

問27 近代の官僚制に関する記述として最も適当なものを，次の①～④の中から一つ選びなさい。 34

① 官僚制は，法律の内容を斟酌して独自の運用を行うことを特色とする。
② 官僚制は，民間の組織で見られることはない。
③ 官僚制の指揮命令系統は，一定していないことが常である。
④ 官僚制では，業務の一連の手続きはすべて文書化される。

問28 アフリカの植民地化に関する出来事A～Dを年代順に並べ替えたものとして正しいものを，下の①～④の中から一つ選びなさい。 35

A　リベリア（Liberia）の独立
B　南アフリカ戦争（South African War）の勃発
C　第二次モロッコ事件（Second Moroccan Crisis）
D　フランスによるチュニジア（Tunisia）の保護国化

注）南アフリカ戦争は，別名，ブール戦争（Boer War）とも呼ばれる。

① A→D→B→C
② B→C→A→D
③ C→B→D→A
④ D→A→C→B

問29 ヘミングウェイ（Ernest Hemingway）の『武器よさらば』（*A Farewell to Arms*）は，ある戦争中のイタリアが舞台となっている。その戦争として最も適当なものを，次の①～④の中から一つ選びなさい。 36

① クリミア戦争（Crimean War）
② アロー戦争（Arrow War）
③ イタリア・トルコ戦争（Italo-Turkish War）
④ 第一次世界大戦

問30 1880年代の日本に関する次の文章中の空欄 a に当てはまる語として最も適当なものを，下の①～④の中から一つ選びなさい。 37

　自由民権運動の高まりに対して政府では，国会の開設や憲法の制定をめぐって意見が対立した。1881年，伊藤博文らは，イギリス的な議院内閣制の導入をすべきという急進的な主張をしていた大隈重信を政府から追放したが，一方で1890年に国会を開くことも約束した。国会の開設が決まると，自由民権運動を担っていた人々は政党を結成し，その流れの中で大隈重信は a を結成して，その党首となった。

① 立憲改進党
② 自由党
③ 立憲政友会
④ 大政翼賛会

問31 1895年の下関条約の結果，日本は清（Qing）から遼東半島（Liaodong Peninsula）などを獲得した。しかし，同年，三つの国が日本に対し，遼東半島を清に返すように要求した。その三つの国の組み合わせとして正しいものを，次の①～④の中から一つ選びなさい。 38

① イギリス，フランス，アメリカ
② アメリカ，ロシア，スペイン
③ イタリア，ドイツ（Germany），イギリス
④ フランス，ドイツ，ロシア

第 ⑦ 回 模擬試験

解答時間：80分

7

問1 次の会話を読み，下の問い(1)～(4)に答えなさい。

学生：₁第一次世界大戦が終結した後のドイツ（Germany）について教えてください。

先生：社会主義革命を主張する左翼勢力による蜂起が鎮圧されたのち，国民議会で民主的な新憲法が採択され，ワイマール共和国（Weimar Republic）が成立しました。

学生：なぜ，ワイマール共和国で₂ヒトラー（Adolf Hitler）の指導するナチ党（Nazi Party）が勢力を伸ばすことができたのでしょうか。

先生：1929年10月に発生した世界恐慌により，深刻な経済危機・政治危機が起こったことが大きな要因でしょうね。

学生：ヒトラー政権は₃基本的人権の厳しい制限や社会統制を行ったそうですが，それでも国民の支持を得ていたのですか。

先生：ヒトラー政権は軍需産業の拡大やアウトバーン（Freeway）建設などの大規模な土木事業により急速に失業者を減らし，また，大衆娯楽や社会福祉に配慮したため，国民の支持は高かったのです。

学生：そういえば，第一次世界大戦終結後のドイツでは激しい₄インフレーションが起こりましたね。

先生：はい。政府はレンテンマルクという通貨を発行することで，インフレーションを収束させました。

(1) 下線部1に関して，第一次世界大戦の講和の枠組みは，1918年1月にアメリカ（USA）大統領が発表した「十四か条の平和原則」をもとに作られた。「十四か条の平和原則」を発表した大統領として正しいものを，次の①～④の中から一つ選びなさい。　1

① フーヴァー（Herbert Hoover）
② ウィルソン（Woodrow Wilson）
③ ハーディング（Warren Harding）
④ F. ローズヴェルト（Franklin Roosevelt）

(2) 下線部 2 に関して，ヒトラー政権の政策に関する記述として最も適当なものを，次の①〜④の中から一つ選びなさい。　**2**

① 国会の立法権を政府に移す全権委任法が成立し，国会の承認なしで法律を制定することができるようになった。
② ミュンヘン（Munich）会談において，イギリス（UK）・フランス（France）に対し，ドイツがチェコスロバキア（Czechoslovakia）を領有することを認めさせた。
③ 独ソ不可侵条約（German-Soviet Nonaggression Pact）を破棄し，ラインラント（Rhineland）に軍を進駐させた。
④ 1935年，住民投票によって，アルザス（Alsace）地方をドイツに編入した。

(3) 下線部 3 に関して，日本における経済の自由や財産権の保障に関する記述として最も適当なものを，次の①〜④の中から一つ選びなさい。　**3**

① 経済の自由が保障される範囲は，最終的に，内閣が提出する法案により確定される。
② 人権は，その性質上可能な限り，会社などの法人にも認められるべきであるという考えに立った場合，営業の自由は法人にも保障されうる。
③ 日本国憲法は，公共の福祉による財産権の制限を認めていない。
④ 財産権を公共のために用いる場合は，正当な補償をすることを要しない。

(4) 下線部4に関して、インフレーションに関する記述として最も適当なものを、次の①～④の中から一つ選びなさい。　4

① 原油価格の上昇など、コストが増加することは、インフレーションの起こる要因となる。
② 通貨量や有効需要が減少し、供給が需要を上回ることは、インフレーションの起こる要因となる。
③ インフレーションが起こると、通貨の価値が上昇し、景気がさらに悪化する。
④ インフレーションが進むと、企業の収益悪化により賃金が抑制され、家計は消費を控えがちになる。

問2 次の文章を読み，下の問い(1)～(4)に答えなさい。

インド（India）は1947年の独立後，初代首相 ₁ネルー（Jawaharlal Nehru）のもとで1950年にインド憲法を発布して共和国となり，イギリス連邦から離脱した。

しかし，隣国パキスタン（Pakistan）とは独立時から　a　地方の帰属をめぐって対立し，両国の間で軍事衝突が繰り返されてきた。また，東パキスタンが分離・独立の動きを強めると，インドはこれを支持し，西パキスタンとの紛争に勝利して，1971年に　b　を独立させた。現在は両国ともに核保有国となっている。

経済面では，1991年から経済の自由化を本格的に開始し，国内における規制緩和や，₂貿易の自由化，諸外国からの投資の自由化を進めたことにより，工業生産が飛躍的に伸びるなど，高い経済成長を実現させた。

(1) 下線部**1**に関して，ネルーに関する記述として最も適当なものを，次の①～④の中から一つ選びなさい。　5

① アスワン・ハイダム（Aswan High Dam）の建設を進めた。
② 中国（China）の周恩来（Zhou Enlai）と会談を行い，平和五原則を発表した。
③ ソ連（USSR）主催の非同盟諸国首脳会議に参加した。
④ インド独立の翌年に暗殺された。

(2) 上の文章中の空欄　a　に当てはまる語として正しいものを，次の①～④の中から一つ選びなさい。　6

① カフカス（Caucasus）
② ギアナ（Guiana）
③ ダルフール（Darfur）
④ カシミール（Kashmir）

(3) 上の文章中の空欄 b に当てはまる国として正しいものを，次の①〜④の中から一つ選びなさい。　7

① ネパール（Nepal）
② アフガニスタン（Afghanistan）
③ バングラデシュ（Bangladesh）
④ ブータン（Bhutan）

(4) 下線部2に関して，貿易に関する記述として最も適当なものを，次の①〜④の中から一つ選びなさい。　8

① 内国民待遇とは，ある国にとって特に重要な貿易相手国に対して，通商上の利益や特典を与えることである。
② 最恵国待遇とは，いずれかの国に有利な待遇を与えた場合，他のすべての国に対しても与えなければならないという原則である。
③ WTO（世界貿易機関）は，関税や非関税障壁の削減・撤廃を協議する場として「ラウンド」を設定し，合計8回のラウンドが行われた。
④ セーフガード（safeguard）は，輸入急増がもたらす国内産業への重大な損害を防止するための緊急措置であるが，WTOではこれを禁止している。

問3　国家が経済にまったく干渉しなくとも，需要と供給のバランスによって価格は安定し，経済には調和がもたらされると主張したイギリスの経済学者は誰か。正しいものを，次の①〜④の中から一つ選びなさい。　9

① リスト（Friedrich List）
② ケインズ（John Maynard Keynes）
③ シュンペーター（Joseph Schumpeter）
④ アダム・スミス（Adam Smith）

問4　企業は財やサービスを生産して利潤を得るが，消費者によるサービス購入の例として最も適当なものを，次の①～④の中から一つ選びなさい。　10

① 美容室で髪を茶色に染めてもらった。
② スーパーで鮭の切り身を購入した。
③ 旅先でおみやげを購入した。
④ 宝石店でダイヤモンドを購入した。

問5　代表的な景気循環の名称，要因，周期の組み合わせとして最も適当なものを，次の①～④の中から一つ選びなさい。　11

	名称	要因	周期
①	ジュグラーの波	資源開発	約40か月
②	クズネッツの波	在庫投資	約10年
③	キチンの波	建設投資	約20年
④	コンドラチェフの波	技術革新	約50年

注）ジュグラーの波（Juglar cycles），クズネッツの波（Kuznets cycles），キチンの波（Kitchin cycles），コンドラチェフの波（Kondratieff cycles）

問6　日本の四大公害に関する記述として最も適当なものを，次の①～④の中から一つ選びなさい。　12

① 水俣病は熊本県の水俣湾周辺で発生した公害病で，工場から流出したメチル水銀（methylmercury）を原因物質とするものである。
② 新潟水俣病の裁判では，被告企業の責任は認められなかった。
③ イタイイタイ病はカドミウム（cadmium）を原因物質とする公害病で，神奈川県川崎市で発生した。
④ 四日市ぜんそくは三重県の四日市市周辺で発生した公害病で，アスベスト（asbestos）の吸入を原因とするものである。

問7　次の表は，日本，アメリカ，スイス（Switzerland），中国の外貨準備の推移を示したものである。表中のA〜Dに当てはまる国の組み合わせとして最も適当なものを，下の①〜④の中から一つ選びなさい。　13

単位：100万ドル

	1990年	1995年	2000年	2005年	2010年	2015年
A	29,586	75,377	168,278	821,514	2,866,079	3,345,194
B	29,223	36,413	32,272	36,297	223,481	566,960
C	78,501	183,250	354,902	834,275	1,061,490	1,207,019
D	72,258	74,781	56,600	54,084	121,392	106,540

IMF「International Financial Statistics」より作成

	A	B	C	D
①	日本	スイス	アメリカ	中国
②	日本	アメリカ	中国	スイス
③	中国	スイス	日本	アメリカ
④	中国	アメリカ	日本	スイス

問8　情報機器の保有の有無や使用能力の程度によって，地域間や世代間に生まれる格差を何というか。最も適当なものを，次の①〜④の中から一つ選びなさい。　14

① ユビキタス（ubiquitous）

② メディア・リテラシー（media literacy）

③ デジタル・デバイド（digital divide）

④ ディスクロージャー（disclosure）

問9 次の文章に関する下の問い(1)〜(3)に答えなさい。

　1980年代初頭，アメリカのレーガン（Ronald Reagan）大統領の政策はドル高をもたらし，貿易赤字は巨額に膨れ上がった。そのため，1985年9月，G5はドル高是正に合意した。これを　a　と呼ぶ。この合意により急激な円高が進んだが，日本の貿易黒字はそれほど減少せず，各国との₁貿易摩擦が激化した。そのため，1986年の　b　では，内需主導による成長をめざすべきとの主張がなされた。このような中で日本では₂バブル経済が拡大した。

(1) 上の文章中の空欄　a　，　b　に当てはまる語の組み合わせとして最も適当なものを，下の①〜④の中から一つ選びなさい。　15

	a	b
①	キングストン合意	ドッジ・ライン
②	キングストン合意	前川レポート
③	プラザ合意	ドッジ・ライン
④	プラザ合意	前川レポート

　注）キングストン合意（Kingston Agreement），プラザ合意（Plaza Accord），ドッジ・ライン（Dodge Line），前川レポート（Maekawa Report）

(2) 下線部1に関して，1980年代の日米間での貿易摩擦において，アメリカが問題視した日本の輸出品目として最も適当なものを，次の①〜④の中から一つ選びなさい。　16

① 鉄鋼
② 洗濯機
③ 携帯電話
④ 半導体

(3) 下線部2に関して，バブル経済崩壊後の日本の状況に関する記述として最も適当なものを，次の①～④の中から一つ選びなさい。　17

① 企業がリストラ（restructuring）を進めたため，完全失業率は10％を超えた。
② 不良債権処理に苦しむ銀行の貸し渋りによって，民間企業に必要な資金が供給されないという問題が生じた。
③ 経済再建のために，橋本内閣は「日本列島改造論」を発表した。
④ 日本経済の先行きが不安視され，一時，1ドル＝180円台になった。

問10 次のグラフは，1996年～2015年の日本の経常収支と，それを構成する各項目の推移を示したものである。グラフ中のA～Cに当てはまる項目の組み合わせとして最も適当なものを，下の①～④の中から一つ選びなさい。　18

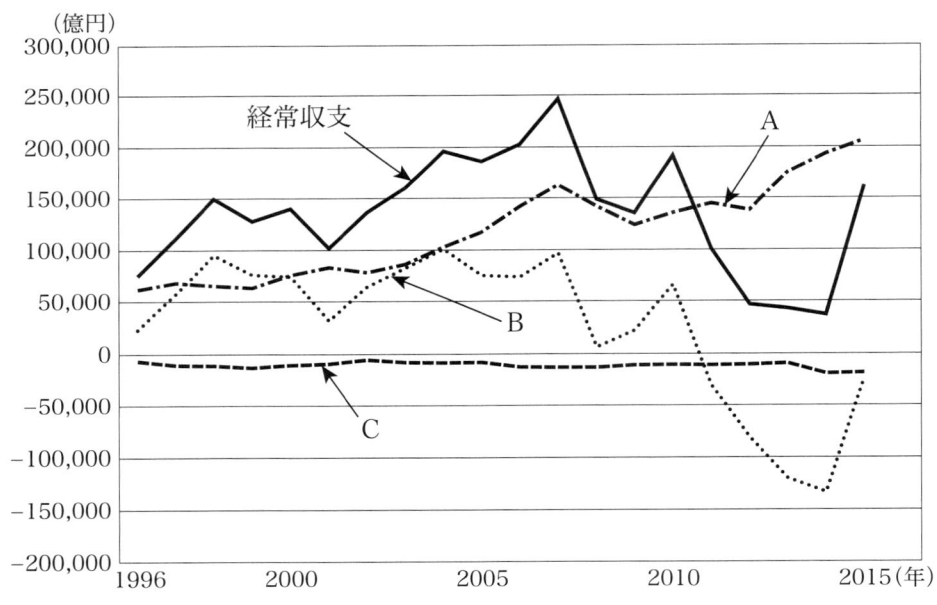

財務省ウェブサイトより作成

	A	B	C
①	第一次所得収支	第二次所得収支	貿易・サービス収支
②	第一次所得収支	貿易・サービス収支	第二次所得収支
③	貿易・サービス収支	金融収支	資本移転等収支
④	貿易・サービス収支	資本移転等収支	金融収支

問11 地図上において，対蹠の位置関係にある同縮尺の日本を示したものとして最も適当なものを，次の①〜④の中から一つ選びなさい。 19

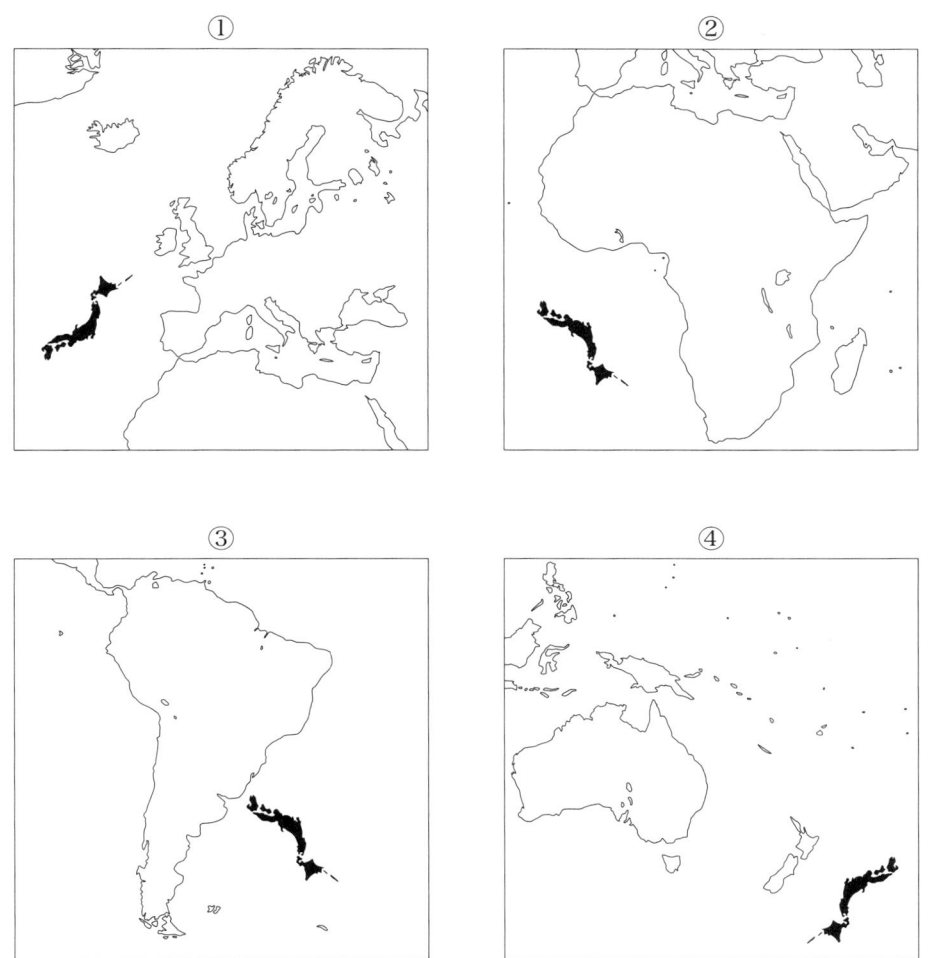

問12 次の地図中の地点Aから地点A'を結ぶ線の地形断面図として最も適当なものを，下の①〜④の中から一つ選びなさい。 20

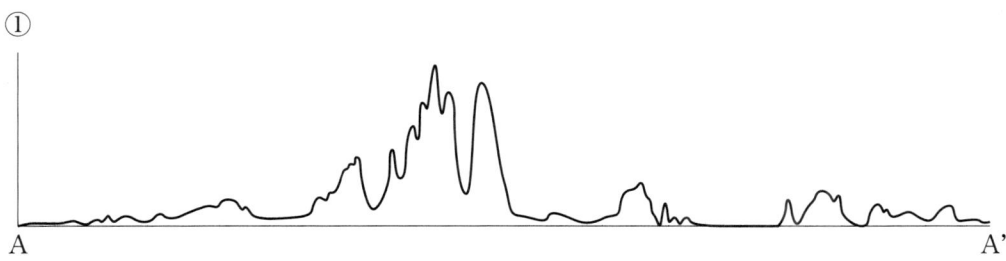

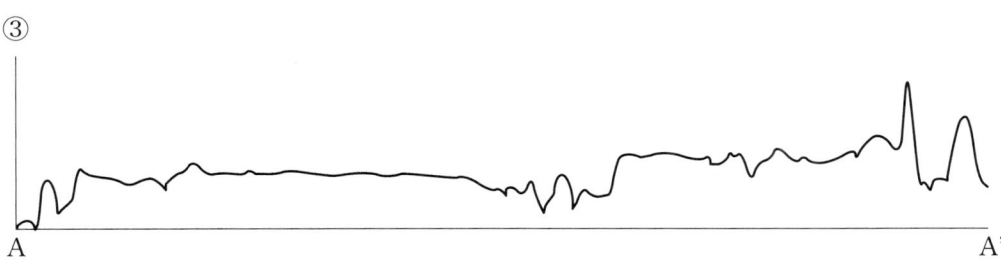

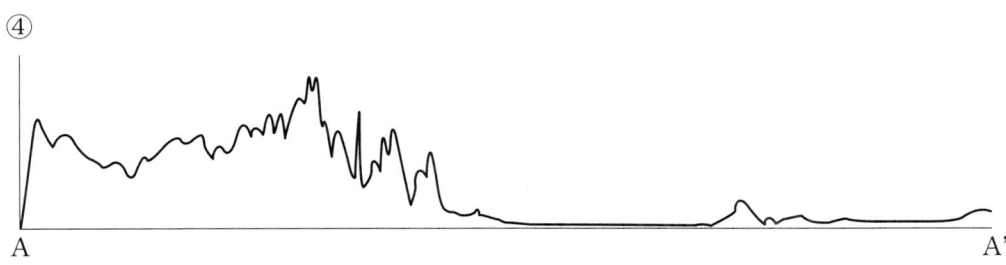

問13 次の表は，2014年におけるアメリカ，オランダ (Netherlands)，シンガポール (Singapore)，ブラジル (Brazil) の貿易額と貿易依存度を示したものである。表中のA～Dに当てはまる国の組み合わせとして最も適当なものを，下の①～④の中から一つ選びなさい。 21

	輸出総額（100万ドル）	輸入総額（100万ドル）	輸出依存度（％）	輸入依存度（％）
A	409,769	366,247	133.1	119.0
B	574,233	508,570	65.3	57.8
C	225,102	237,531	9.6	10.2
D	1,623,410	2,412,550	9.4	13.9

総務省統計局「世界の統計2016」より作成

	A	B	C	D
①	アメリカ	ブラジル	オランダ	シンガポール
②	アメリカ	ブラジル	シンガポール	オランダ
③	シンガポール	オランダ	ブラジル	アメリカ
④	シンガポール	オランダ	アメリカ	ブラジル

問14 次のグラフは，2013年における鉄鉱石，鉛（lead）鉱，タングステン（tungsten）鉱，すず（tin）鉱の生産量のうち，A国が占める割合を示したものである。A国に当てはまる国として最も適当なものを，下の①〜④の中から一つ選びなさい。 22

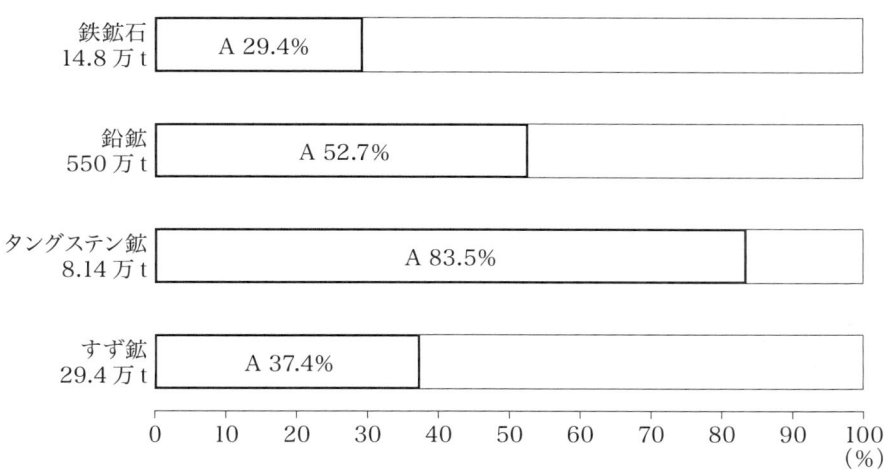

矢野恒太記念会『世界国勢図会　2016/17年版』より作成

① 中国
② オーストラリア（Australia）
③ インド
④ 南アフリカ共和国（South Africa）

問15 次の図において，2016年時点での人口の，日本の位置として最も適当なものを，図中の①～④の中から一つ選びなさい。　23

小 ↑ 人口規模 ↓ 大	イギリス
	①
	ベトナム
	②
	ナイジェリア
	③
	インドネシア
	④
	アメリカ

注）ベトナム（Viet Nam），ナイジェリア（Nigeria），インドネシア（Indonesia）
矢野恒太記念会『世界国勢図会　2016/17年版』より作成

問16 岩手県の郷土料理である「さんまのすり身汁」は，三陸海岸の沖で獲れるサンマを使って作られている。三陸海岸の位置として正しいものを，次の地図中の①～④の中から一つ選びなさい。　24

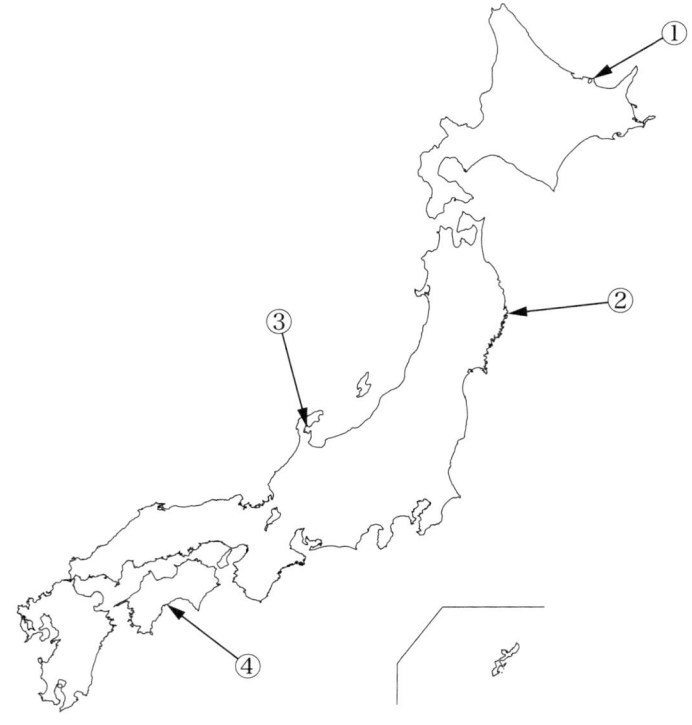

問17 次のグラフは，2015年におけるイギリス，韓国（South Korea），メキシコ（Mexico），中国の産業別人口構成を示したものである。図中のA～Dに当てはまる国の組み合わせとして最も適当なものを，下の①～④の中から一つ選びなさい。 25

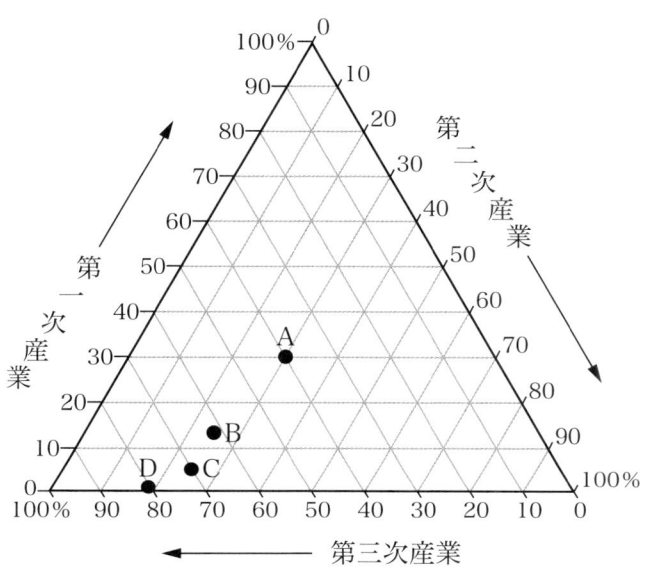

矢野恒太記念会『世界国勢図会　2016/17年版』より作成

	A	B	C	D
①	中国	メキシコ	韓国	イギリス
②	中国	メキシコ	イギリス	韓国
③	イギリス	中国	韓国	メキシコ
④	イギリス	中国	メキシコ	韓国

問18　次の表は，2015年における日本国内の航空路線別旅客数を上位5位まで示したものである。表中のA～Cに当てはまるものの組み合わせとして最も適当なものを，下の①～④の中から一つ選びなさい。　26

	路線	旅客数（人）
1位	東京（羽田）－A	8,986,390
2位	東京（羽田）－B	8,135,793
3位	東京（羽田）－C	5,227,146
4位	東京（羽田）－沖縄（那覇）	5,207,883
5位	東京（羽田）－鹿児島	2,244,607

	A	B	C
①	大阪	福岡	新千歳
②	大阪	新千歳	福岡
③	新千歳	大阪	福岡
④	新千歳	福岡	大阪

注）　新千歳は，北海道にある空港である。
国土交通省ウェブサイトより作成

問19　国家の三要素とは，主権，領域ともう一つは何か。最も適当なものを，次の①～④の中から一つ選びなさい。　27

①　国民

②　裁判所

③　内閣

④　憲法

問20 国際連盟（League of Nations）に関する記述として最も適当なものを，次の①〜④の中から一つ選びなさい。 28

① 不戦条約（Kellogg-Briand Pact）に基づき，設立された。
② 常任理事国は，アメリカ，ソ連，イギリス，フランスであった。
③ 本部は，アメリカのニューヨーク（New York）に置かれた。
④ 集団安全保障の考えが採用されたが，軍事制裁が行われることはなかった。

問21 天皇の国事行為として最も適当なものを，次の①〜④の中から一つ選びなさい。 29

① 内閣総理大臣の任命
② 条約の承認
③ 政党の結成
④ 特別裁判所の設置

問22 次のA～Dの文章について説明したものとして最も適当なものを，下の①～④の中から一つ選びなさい。 30

A 「私立大学の教授は，授業の内容を自由に決めることができる」という考え方がある。

B 「公務員の団体行動権（争議権）が制限されていることは，労働基本権の侵害である」という考え方がある。

C 「知る権利は，積極的に政府の保有する情報の開示を請求できる権利である」という考え方がある。

D 「障害福祉年金と児童扶養手当の併給の禁止は，生存権を侵害する」という考え方がある。

① Aの「授業の内容を自由に決めることができる」とは，教育に関する事項であるから，社会権のことを述べている。

② Bの「団体行動権」は，行動する自由のことであるから，自由権の一つである。

③ Cの「知る権利」は，国に情報を公開してもらう権利であるから，社会権と捉えることができる。

④ Dの「生存権」は，国が併給することもしないことも自由であるから，自由権と捉えることができる。

問23 日本の安全保障に関する出来事A〜Dを年代順に並べ替えたものとして正しいものを，下の①〜④の中から一つ選びなさい。　31

A　国民保護法の成立

B　国家安全保障会議の設置

C　重要影響事態法の成立

D　テロ対策特別措置法の成立

①　A→D→C→B

②　B→C→D→A

③　C→B→A→D

④　D→A→B→C

問24 選挙制度に関する記述として最も適当なものを，次の①〜④の中から一つ選びなさい。　32

①　小選挙区制は，大政党が一つの選挙区で複数の候補者を立てるため，買収が起こりやすくなる。

②　小選挙区制は，死票が多くなり，大政党に有利となる傾向がある。

③　大選挙区制は，選挙区が狭いため，小数派の意見が反映されにくい傾向がある。

④　比例代表制は，死票が少なくなり，小党乱立を防止する傾向がある。

問25 イギリスにおける，ヴィクトリア（Victoria）女王の在位中（1837〜1901年）の出来事として**適当でないもの**を，次の①〜④の中から一つ選びなさい。　33

① ロンドン（London）万国博覧会が開催された。
② ダーウィン（Charles Robert Darwin）の『種の起源』（*On the Origin of Species*）が出版された。
③ 議会法が制定され，上院に対する下院の優位の原則が確立した。
④ イギリス政府がスエズ（Suez）運河会社の株を買収した。

問26 南北戦争（Civil War）終結後のアメリカの状況に関する記述として最も適当なものを，次の①〜④の中から一つ選びなさい。　34

① 東部と西部とを結ぶ，最初の大陸横断鉄道が完成した。
② 「明白な天命（Manifest Destiny）」のスローガンのもとに，西方に領土を拡大し，テキサス（Texas）を併合した。
③ アラスカ（Alaska）を，カナダから無償で獲得した。
④ 主に日本や中国からの移民が，重工業の発展に貢献した。

問27 19世紀のロシア（Russia）に関する記述として最も適当なものを，次の①〜④の中から一つ選びなさい。　**35**

① クリミア戦争（Crimean War）に勝利し，ダーダネルス（Dardanelles）・ボスフォラス（Bosporus）両海峡の通航権を獲得した。

② 1861年に農奴解放令が出され，農奴の人格的自由が認められた。

③ 1863年にフィンランド（Finland）で独立運動が起きると，皇帝は再び専制政治を強化した。

④ 1890年代のロシアは，宰相ビスマルク（Otto von Bismarck）の政策を採用し，政府の保護・監督のもと，重工業を中心とする工業化を進めた。

問28 1945年のヤルタ（Yalta）会談に関する記述として最も適当なものを，次の①〜④の中から一つ選びなさい。　**36**

① アメリカとソ連の首脳による会談である。

② 連合国の軍隊をフランス北部に上陸させるための作戦が立てられた。

③ スペイン（Spain）の内戦について，反政府軍を支援することが決められた。

④ 秘密協定において，ドイツ降伏後3か月以内のソ連の対日参戦が決められた。

問29 日米修好通商条約（The Treaty of Amity and Commerce between the United States and Japan）に関する次の文章中の空欄 a , b に当てはまる語の組み合わせとして最も適当なものを，下の①〜④の中から一つ選びなさい。 37

日米修好通商条約は， a がないなど，日本にとって不平等な内容であった。そのため，安価な外国製の b が大量に輸入され，国内の生産地は経済的に大打撃を受け，のちの政府にとって，不平等条約の改正は重要な外交問題となった。 a が完全に回復するのは，明治時代の終わりに近い1910年であった。

	a	b
①	関税自主権	綿製品
②	関税自主権	生糸
③	領事裁判権	綿製品
④	領事裁判権	生糸

注）生糸（raw silk and silk yarn）

問30 日本政府は1906年に南満州鉄道株式会社を設立したが，この動きは，満州（Manchuria）市場への進出をうかがっていたある国との関係を悪化させた。ある国とはどこか。正しいものを，次の①〜④の中から一つ選びなさい。 38

① ロシア
② アメリカ
③ フランス
④ オランダ

第 ⑧ 回　模擬試験

解答時間：80分

8

問1 次の会話を読み，下の問い(1)～(4)に答えなさい。

学生：アメリカ（USA）の₁大統領選挙が行われる年は，日本でもほぼ１年を通してその報道がされていますね。

先生：アメリカの大統領が掲げる政策は，日本だけでなく世界の₂政治や₃経済に大きな影響を及ぼすため，大統領選挙は毎回とても注目されています。

学生：アメリカでは，日本で自民党の首相が続いた55年体制のように，同じ₄政党に所属する候補者が勝利し続けているのでしょうか。

先生：いいえ。第二次世界大戦後のアメリカでは，多くの場合，２期で政権交代しています。

学生：それだけ政権交代が頻繁に起こると，政治が混乱しませんか。

先生：二大政党の思想や政策が大きく離れている場合は，混乱が生じやすいです。二大政党制の欠点の一つですね。

学生：それでは，二大政党制はあまりよい政党制ではないのでしょうか。

先生：政党制にはさまざまなものがありますが，もちろん，それぞれ利点や欠点があり，どれがよいか悪いかは一概（いちがい）には言えません。

(1) 下線部１に関して，アメリカの初代大統領として正しいものを，次の①～④の中から一つ選びなさい。　　　　　　　　　　　　　　　　　　　　　　　　　 1

① ワシントン（George Washington）
② ハミルトン（Alexander Hamilton）
③ ジェファソン（Thomas Jefferson）
④ トマス・ペイン（Thomas Paine）

(2) 下線部2に関して，政治を，相互作用する諸要素の総体（政治システム）と捉えた政治学者の一人に，リプセット（Seymour Lipset）がいる。彼は，政治システムの最小の構成要素である個人（国民）に着目し，国民一人ひとりが政治システムをどのように評価すれば民主政治が存続できるのかを，有効性と正統性という概念を用いて理論化した。有効性は，政治システムが国民のさまざまな要望に応えて国民を基本的に満足させているかどうかを示す指標である。正統性は，現行の政治システムがその社会にとって最も適切で，持続させるべきものであるという信念を国民が持っているかどうかを示す指標である。次の図は，有効性と正統性の関係を示したものである。上の説明を踏まえて，次の図に関する記述として最も適当なものを，下の①〜④の中から一つ選びなさい。 **2**

		有効性	
		＋	－
正統性	＋	A ＋＋	B ＋－
	－	C －＋	D －－

① Aには，実力による政権奪取が可能で，政権奪取後に正統性を自ら作り出せる，紛争を抱える発展途上国が当てはまる。

② Bには，異例の長期政権が続いてはいるが，EU（欧州連合）で最大の経済大国である2010年代前半のドイツ（Germany）が当てはまる。

③ Cには，高度経済成長に入ってはいるが，自民党政権が成立して間もない1960年代前半の日本が当てはまる。

④ Dには，二大政党による政権交代が頻繁なアメリカが当てはまる。

(3) 下線部 3 に関して，GATT（関税と貿易に関する一般協定）に関する記述として最も適当なものを，次の①～④の中から一つ選びなさい。　3

① GATTは，ブレトンウッズ（Bretton Woods）協定に基づいて設立された。
② GATTは，自由・無差別・多角を理念とした。
③ GATTは，特恵関税の削減・撤廃を協議する場としてラウンドを設定した。
④ 日本は，GATTに加盟することはなかった。

(4) 下線部 4 に関して，奴隷制反対を掲げ，アメリカで19世紀半ばに結成された政党として最も適当なものを，次の①～④の中から一つ選びなさい。　4

① キリスト教民主同盟
② 社会民主党
③ 共和党
④ 民主党

問2 次の文章を読み，下の問い(1)〜(4)に答えなさい。

　₁エチオピア（Ethiopia）は，2011〜2015年の実質経済成長率が，毎年10％前後という高度経済成長を実現した。この成長に大きく寄与しているのが農業で，特に₂コーヒー豆の輸出が大きい。また，道路や鉄道などのインフラ（infrastructure）の整備も進めており，さらなる成長が期待できる。また，2015年には₃エチオピア航空の成田空港への就航が可能となり，2016年の第6回アフリカ開発会議（TICAD VI）で日本政府が示した₄援助や投資の実行も容易になっていくだろう。

(1) 下線部1に関して，エチオピアの位置として正しいものを，次の地図中の①〜④の中から一つ選びなさい。　　　5

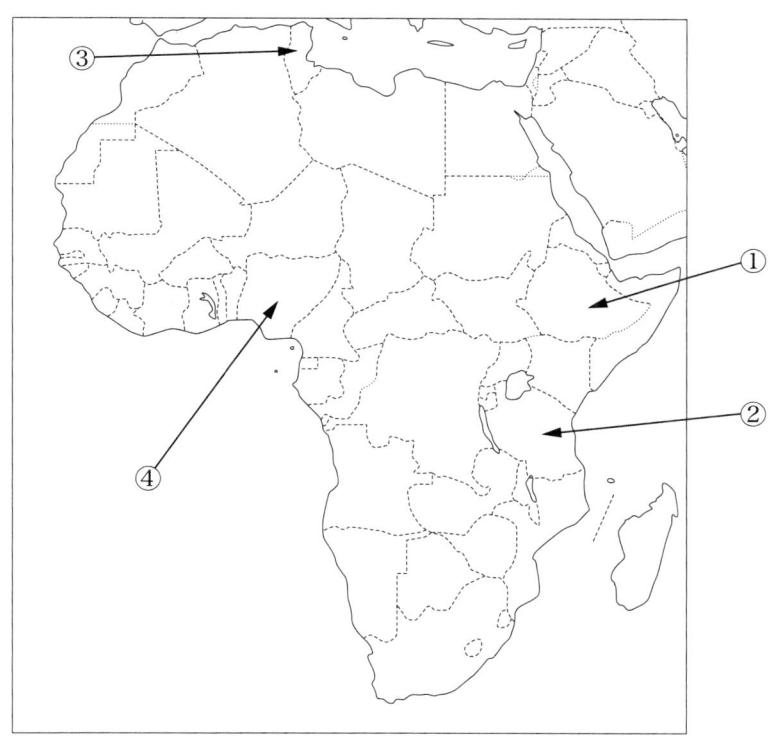

(2) 下線部 **2** に関して，ブラジル（Brazil）高原の南部には，玄武岩質の台地が広がっており，コーヒーの栽培に適した間帯土壌が分布している。この土壌の種類として最も適当なものを，次の①〜④の中から一つ選びなさい。　　　6

① レス（loess）
② ラトソル（latosol）
③ テラロッサ（terra rossa）
④ テラローシャ（terra roxa）

(3) 下線部 **3** に関して，日本の航空交通に関する記述として最も適当なものを，次の①〜④の中から一つ選びなさい。　　　7

① 冷戦期はソ連（USSR）上空を通過することができなかったため，日本からヨーロッパ（Europe）諸国への空路は，ケープタウン（Cape Town）を経由することが一般的であった。
② 小笠原諸島に，飛行機で向かうことはできない。
③ 国際線がある空港は，成田空港と関西空港のみである。
④ 日本の輸送機関別国内輸送量の割合を見ると，貨物輸送については，航空部門が最も高い。

(4) 下線部4に関して，次の表は，2014年における主な国のODA（政府開発援助）の実績総額（支出純額ベース）と対GNI（国民総所得）比を示したものである。表中のA〜Dに当てはまる国の組み合わせとして最も適当なものを，下の①〜④の中から一つ選びなさい。　8

	実績総額（支出純額ベース）（億ドル）	対GNI比（％）
A	327.3	0.19
B	193.9	0.71
ドイツ	162.5	0.41
C	103.7	0.36
D	92.7	0.19
カナダ	42.0	0.24
イタリア	33.4	0.16

外務省「2015年版　開発協力白書」より作成

	A	B	C	D
①	日本	アメリカ	イギリス	フランス
②	日本	アメリカ	フランス	イギリス
③	アメリカ	フランス	日本	イギリス
④	アメリカ	イギリス	フランス	日本

注）カナダ（Canada），イタリア（Italy），イギリス（UK），フランス（France）

問3 空気のように，存在量がきわめて豊富なため，対価を支払うことなく消費できる財の需要曲線と供給曲線を表したものとして最も適当なものを，次の①〜④の中から一つ選びなさい。 9

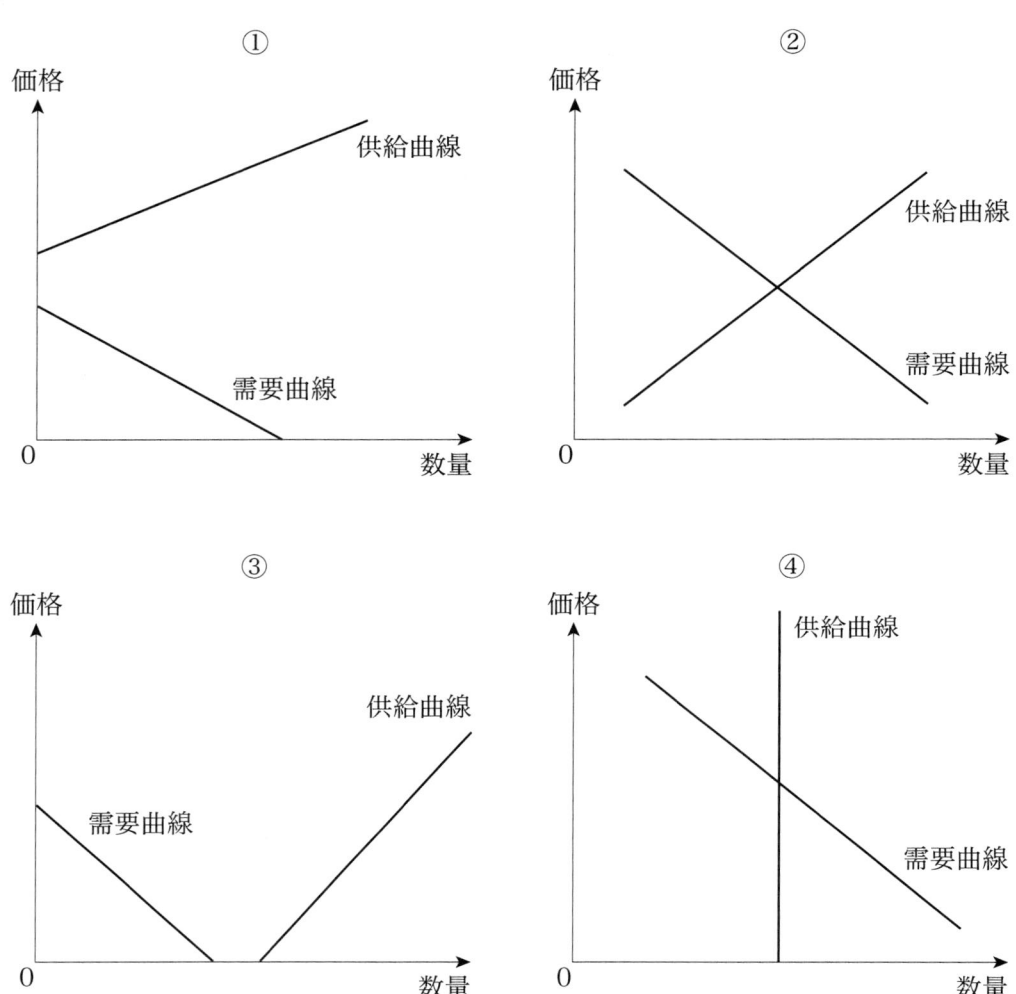

問 4 日本経済は，第1次石油危機（Oil Crisis）によって物価の上昇と不況が同時に進行するという状態に陥った。物価の上昇と不況が同時に進行することを何というか。最も適当なものを，次の①～④の中から一つ選びなさい。 10

① ハイパーインフレーション（hyperinflation）
② スタグフレーション（stagflation）
③ デフレスパイラル（deflationary spiral）
④ インフレターゲット（inflation targeting）

問 5 日本の財政に関する記述として最も適当なものを，次の①～④の中から一つ選びなさい。 11

① 国債を発行しなかった1990年代前半は公債依存度がゼロであったが，2000年代以降，公債依存度は急上昇した。
② 2015年時点で日本の債務残高の対GDP（国内総生産）比は300％を超えており，先進国で最悪の水準になっている。
③ 国債発行を除く税収などの歳入と，国債の元利払いを除いた歳出を比較したものをプライマリーバランス（Primary balance）というが，この場合の「国債」とは赤字国債のみを指す。
④ 都道府県が地方債を発行するときは，原則として，総務大臣と事前に協議を行うことが必要とされている。

問6 日本の地域社会の状況に関する記述として最も適当なものを，次の①〜④の中から一つ選びなさい。 12

① 政府は，男女共同参画社会をめざして，家庭における性別役割分担を推進している。

② 1980年代以降，総世帯に占める単独世帯の割合は，上昇傾向にある。

③ 外国人の地域社会への流入が目立つようになり，特にベトナム人（Vietnamese）人は，在留外国人数の割合で韓国人（Korean）を上回った。

④ 過疎が深刻化する地域がある一方で，東京圏と大阪圏は2000年以降，転入超過が続いている。

問7 次のグラフは，1995〜2015年における日本，アメリカ，ユーロ圏15か国の家計の貯蓄率の推移を示したものである。グラフ中のA〜Cに当てはまるものの組み合わせとして最も適当なものを，下の①〜④の中から一つ選びなさい。 13

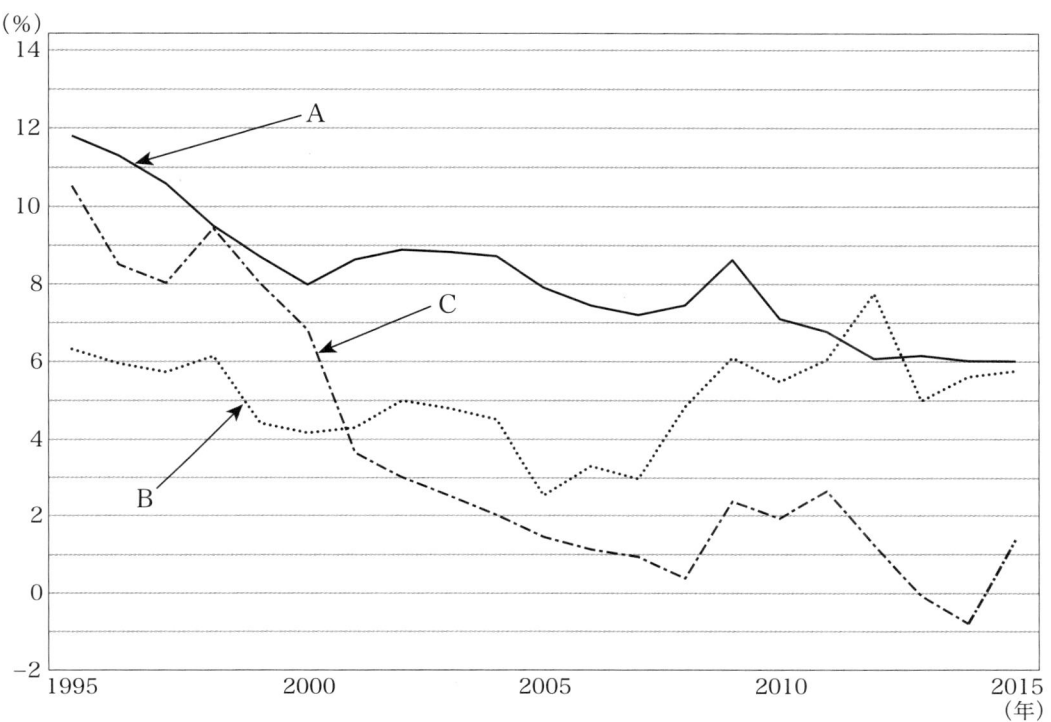

注）ユーロ圏15か国とは，ドイツ，フランス，イタリア，オランダ（Netherlands），ベルギー（Belgium），ルクセンブルク（Luxembourg），スペイン（Spain），ポルトガル（Portugal），ギリシャ（Greece），オーストリア（Austria），アイルランド（Ireland），フィンランド（Finland），スロベニア（Slovenia），キプロス（Cyprus），マルタ（Malta）を指す。
貯蓄率には非営利団体のものも含む。
OECD「Economic Outlook No 100 - November 2016」より作成

	A	B	C
①	日本	ユーロ圏15か国	アメリカ
②	日本	アメリカ	ユーロ圏15か国
③	ユーロ圏15か国	日本	アメリカ
④	ユーロ圏15か国	アメリカ	日本

問8 次のグラフは，1995～2015年における日本，韓国，フランス，スペインの失業率の推移を示したものである。グラフ中のA～Dに当てはまる国の組み合わせとして最も適当なものを，下の①～④の中から一つ選びなさい。 14

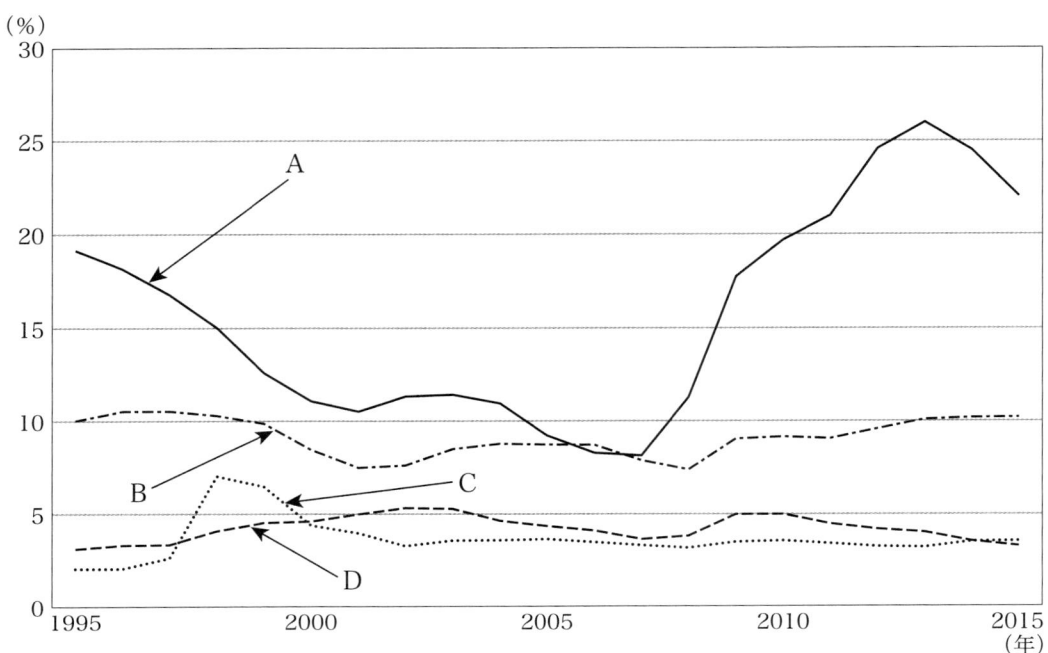

OECD「Economic Outlook No 100 - November 2016」より作成

	A	B	C	D
①	韓国	フランス	日本	スペイン
②	スペイン	韓国	フランス	日本
③	スペイン	フランス	韓国	日本
④	フランス	スペイン	日本	韓国

問9 1962年にアメリカ大統領ケネディ（John F. Kennedy）が特別教書で示した「消費者の4つの権利」として**適当でないもの**を，次の①〜④の中から一つ選びなさい。

15

① 選択できる権利
② 良好な環境を求める権利
③ 安全である権利
④ 意見を聞いてもらう権利

問10 GDPに算入される項目として最も適当なものを，次の①〜④の中から一つ選びなさい。

16

① ボランティア活動
② 相続財産
③ 農家の自家消費
④ 中古車の売買

問11 次のグラフは，1990～2016年度における日本の主な国税の税収の推移を示したものである。グラフ中のA～Cに当てはまる税の組み合わせとして最も適当なものを，下の①～④の中から一つ選びなさい。 17

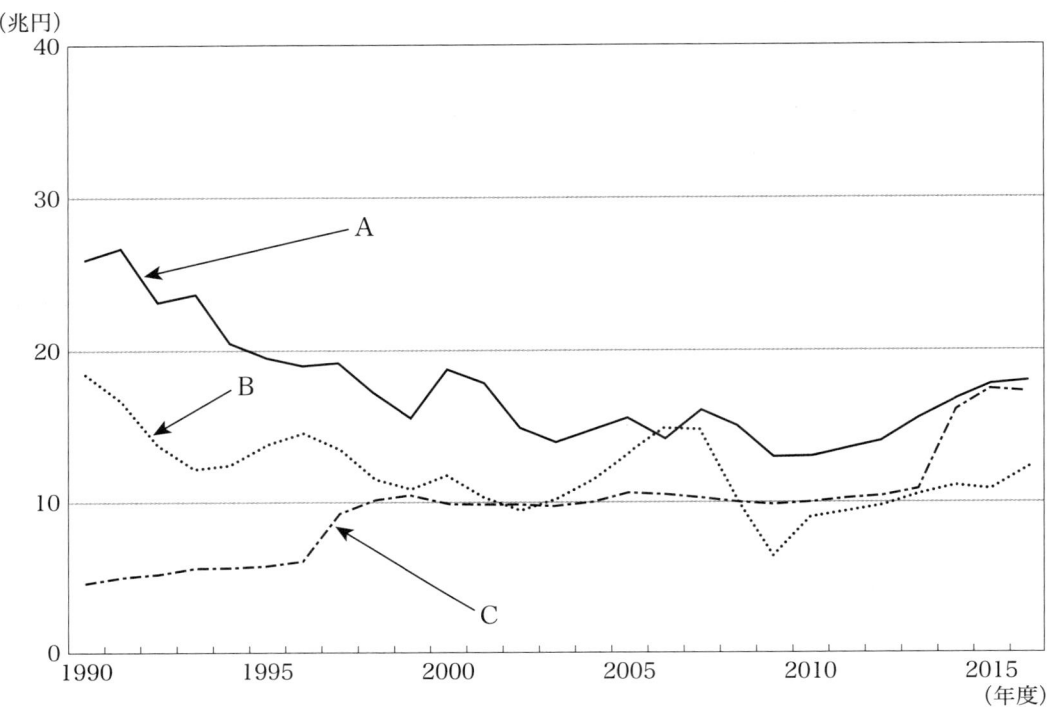

注) 2015年度以前は決算，2016年度は予算による。
財務省ウェブサイトより作成

	A	B	C
①	所得税	法人税	消費税
②	所得税	消費税	法人税
③	消費税	所得税	固定資産税
④	消費税	固定資産税	所得税

問12 発展途上国の貧困削減に関する次の文章中の空欄 a , b に当てはまる語の組み合わせとして最も適当なものを，下の①〜④の中から一つ選びなさい。　18

　近年の国際社会では，政府だけでなく民間での貧困削減の取り組みも活発になっている。その一例として，立場の弱い発展途上国の生産者や労働者の生活改善や自立を目的として，発展途上国の原材料や製品などを適正な価格で継続して購入する a の活発化がある。

　また，世界人口の約72％に相当する約40億人が年間総所得3,000ドル以下の収入で生活しているとされるが，これらの人々を b 市場として捉える企業が増えている。企業が，これら低所得層の人々に低価格で商品を売ったとしても，商品を購入する人々の数が非常に多いため，最終的な売上高は大きくなることが予測される。さらに，低所得層をその商品の生産などに関わる仕事に従事させることで所得の増加や消費の増加が期待される。これらのことから， b 市場の規模は約5兆ドルにもなると言われている。

	a	b
①	フェアトレード	BOP
②	フェアトレード	M&A
③	ヘッジファンド	BOP
④	ヘッジファンド	M&A

注）フェアトレード（Fair Trade），ヘッジファンド（Hedge Fund），
　　BOP（Base of the Economic Pyramid または，Bottom of the Economic Pyramid），
　　M&A（mergers and acquisitions）

問13 日本の企業に関する記述として最も適当なものを，次の①〜④の中から一つ選びなさい。　19

① 日本の中小企業の99％以上が，有限会社である。
② 株主が株式を自由に譲渡することのできない会社を，合資会社という。
③ 所有と経営の分離の原則により，株主は，会社の経営には参加できない。
④ 株式会社の株主は，会社が倒産した場合，出資金を失うことになるが，それ以上の損失を受けることはない。

問14 正距方位図法において，東京から見て真東の方向にある都市として正しいものを，次の①〜④の中から一つ選びなさい。 20

① ロサンゼルス（Los Angeles）
② アトランタ（Atlanta）
③ マドリード（Madrid）
④ ブエノスアイレス（Buenos Aires）

問15 次の地図に描かれている線は，ある農作物の栽培限界をおおまかに示したものである。その農作物として最も適当なものを，下の①〜④の中から一つ選びなさい。 21

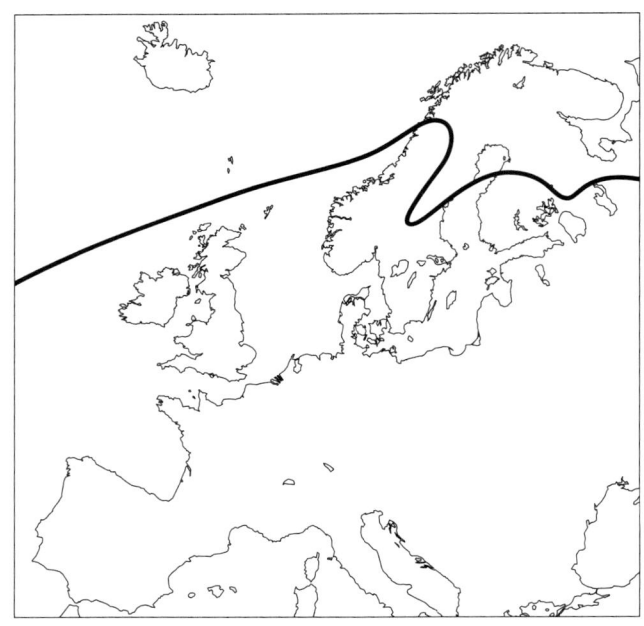

① ぶどう
② オリーブ
③ 小麦
④ トウモロコシ

問16　次の文章に関する下の問い(1), (2)に答えなさい。

　ドイツの気候学者ケッペン（Wladimir Peter Köppen）は，　a　の分布が大きく変わる地域の気温と降水量を指標として，世界の気候区分を行い，熱帯，乾燥帯，温帯，亜寒帯（冷帯），寒帯の五つの気候帯に分けた。熱帯のうち，熱帯雨林気候の地域には，樹高の高い，多様な常緑広葉樹からなる熱帯雨林が分布しており，アマゾン川流域では　b　と呼ばれている。

(1)　上の文章中の空欄　a　，　b　に当てはまる語の組み合わせとして最も適当なものを，下の①〜④の中から一つ選びなさい。　22

	a	b
①	人口	パンパ
②	人口	セルバ
③	植生	パンパ
④	植生	セルバ

注）パンパ（pampa），セルバ（selva）

(2) 下線部に関して，熱帯雨林気候のハイサーグラフとして最も適当なものを，次の①〜④の中から一つ選びなさい。　23

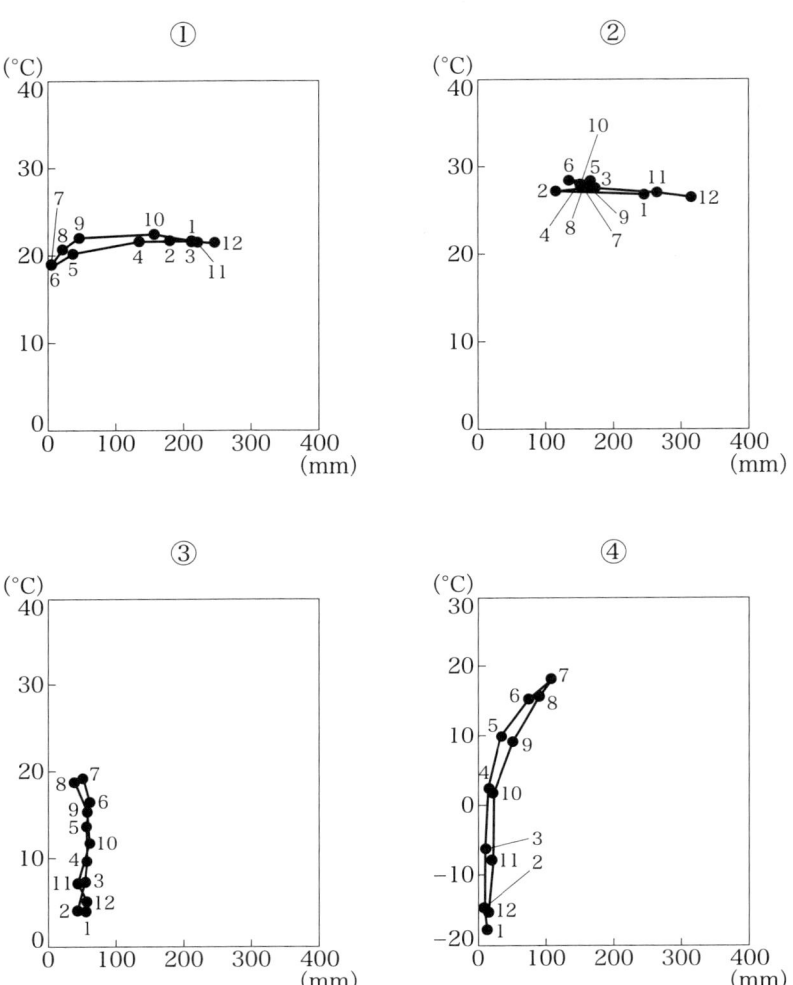

注）グラフ内の数字は，月を示している。
国立天文台『理科年表　平成29年』より作成

問17 石炭に関する記述として最も適当なものを，次の①～④の中から一つ選びなさい。

24

① 化石燃料のうちで最も可採年数が長いが，偏在性が高い。

② 産地の多くは，ユーラシア（Eurasia）大陸やアメリカ大陸の古期造山帯である。

③ 2013年において，石炭の産出量が世界一の国は，オーストラリア（Australia）である。

④ 2015年において，日本は，石炭をインドネシア（Indonesia）から最も多く輸入している。

問18 2016年において、東京都心では11月24日に初雪、積雪が観測された。11月の初雪は1962年以来54年ぶりのことであり、また、11月に東京都心で積雪が観測されたのは、1875年の統計開始以来初のことであった。この日（2016年11月24日）の日本付近の天気図として最も適当なものを、次の①〜④の中から一つ選びなさい。 25

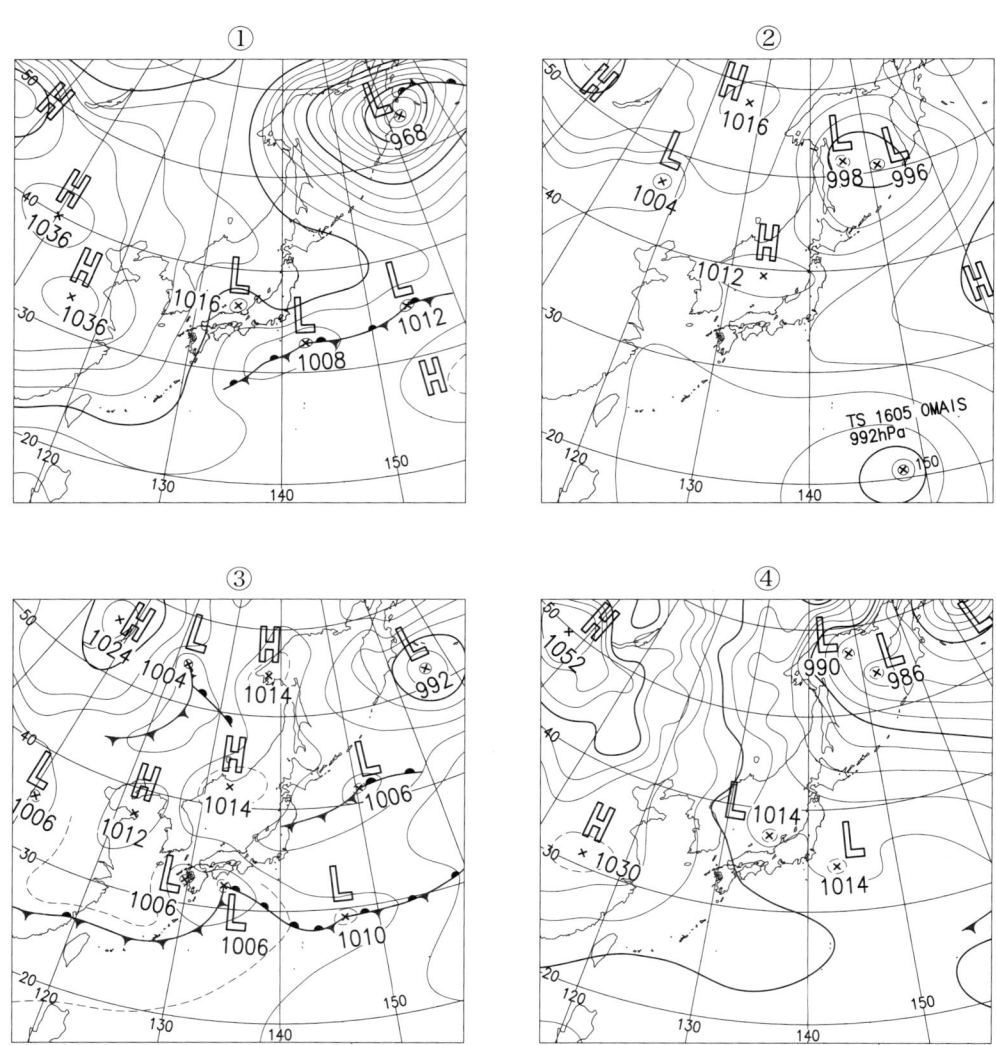

気象庁ウェブサイトより作成

問19　次の表は，日本，ブラジル，カナダ，パプアニューギニア（Papua New Guinea）の森林面積，森林面積の対国土面積比，木材伐採高を示したものである。表中のA～Dに当てはまる国の組み合わせとして最も適当なものを，下の①～④の中から一つ選びなさい。　26

	森林面積 （千ha）	森林面積の対国土面積比（％）	木材伐採高 （千㎥）
A	24,961	66.0	21,130
B	33,565	72.5	10,682
C	347,162	34.8	154,259
D	495,506	58.2	267,653

注）森林面積は2013年，森林面積の対国土面積比と木材伐採高は2014年のデータによる。
矢野恒太記念会『世界国勢図会　2016/17年版』より作成

	A	B	C	D
①	日本	パプアニューギニア	カナダ	ブラジル
②	カナダ	パプアニューギニア	ブラジル	日本
③	日本	ブラジル	パプアニューギニア	カナダ
④	ブラジル	カナダ	パプアニューギニア	日本

問20　日本の都道府県に関する記述として最も適当なものを，次の①～④の中から一つ選びなさい。　27

① 宮城県は，太平洋ベルトの範囲に入っている。
② 愛知県は，2015年末時点で在留外国人数が最も多かった。
③ 北海道の有珠山が2000年に噴火したときは，ハザードマップ（hazard map）に基づいて避難が行われていたこともあり，死者は出なかった。
④ 沖縄県では，米の栽培はまったく行われていない。

問21 人権や民主政治の歴史的展開に関する記述として最も適当なものを，次の①～④の中から一つ選びなさい。　28

① フランス人権宣言では，自由と平等という人権の基本理念が掲げられた。
② イギリスでは，ピューリタン (puritan) 革命の後に成立したウォルポール (Robert Walpole) 内閣の下で，成年男子に対する普通選挙権が実現した。
③ ドイツでは，1848年の三月革命後，プロシア (Prussia) 憲法によって，初めて社会権が保障された。
④ アメリカで発表されたヴァージニア (Virginia) 権利章典には，リンカン (Abraham Lincoln) により「人民の，人民による，人民のための政治」という文言が加えられた。

問22 日本国憲法に明文の規定のない「新しい人権」の例として**適当でないもの**を，次の①～④の中から一つ選びなさい。　29

① 請願権
② アクセス権
③ 知る権利
④ プライバシーの権利

問23 人身の自由に関する記述として最も適当なものを，次の①～④の中から一つ選びなさい。　30

① 罪刑法定主義は，大日本帝国憲法では保障されていなかった。
② 日本国憲法では，何人(なんぴと)も，現行犯として逮捕される場合を除いては，検察官が発する令状によらなければ逮捕されないと規定されている。
③ 行為時にその行為を違法とする規定がなかったとしても，裁判時に違法とされていれば，処罰することができる。
④ 有罪を示す証拠が本人の自白しかないときは，その自白が拷問によらずになされたものであったとしても，被告人を有罪にすることはできない。

問24 次の文章中の空欄 a ～ c に当てはまる語の組み合わせとして最も適当なものを，下の①～④の中から一つ選びなさい。 31

　主権国家からなる現在の国際社会が形成された起源は，ドイツの宗教戦争である a を終了させるために1648年に締結された， b にあると考えられている。オランダの法学者 c は， a の惨状を見て，主権国家相互の関係を規律する法規範の必要性を痛感し，国際法を最初に体系づけた。

	a	b	c
①	三十年戦争	ウェストファリア条約	グロティウス
②	三十年戦争	ハーグ陸戦条約	カント
③	プロイセン・オーストリア戦争	ウェストファリア条約	カント
④	プロイセン・オーストリア戦争	ハーグ陸戦条約	グロティウス

注）三十年戦争（Thirty Years' War），プロイセン・オーストリア戦争（Austro-Prussian War），
　　ウェストファリア条約（Peace of Westphalia），
　　ハーグ陸戦条約（Convention respecting the Laws and Customs of War on Land），
　　グロティウス（Hugo Grotius），カント（Immanuel Kant）

問25 国際司法裁判所に関する記述として最も適当なものを，次の①～④の中から一つ選びなさい。 32

① 国際司法裁判所の判決に不服があった場合には，当事国は国際刑事裁判所に上訴することができる。
② 国際司法裁判所の裁判官は，国際連合（UN）安全保障理事会の常任理事国のいずれかの国籍を持つ5名で構成される。
③ 国際司法裁判所の本部は，ベルギーのブリュッセル（Brussels）にある。
④ 国際司法裁判所は国連総会に対し，核兵器による威嚇または使用は国際法，特に人道法に一般的に違反するという勧告的意見を示した。

問26 ユネスコ（UNESCO）に関する記述として最も適当なものを，次の①〜④の中から一つ選びなさい。　33

① OECD（経済協力開発機構）の下部機関として設立された。
② 諸国民の教育，科学，文化の協力と交流を通じて，国際平和と人類の福祉を促進させることを目的としている。
③ 世界遺産条約（Convention Concerning the Protection of the World Cultural and Natural Heritage）に基づいて世界遺産リストへの登録を行っており，日本からは富士山が自然遺産として登録されている。
④ アメリカはユネスコを1980年代に脱退し，それ以来復帰していない。

問27 アメリカの領土拡張に関する出来事A〜Dを年代順に並べ替えたものとして正しいものを，下の①〜④の中から一つ選びなさい。　34

A スペインからフロリダ（Florida）を購入
B メキシコ（Mexico）からカリフォルニア（California）を獲得
C テキサス（Texas）を併合
D フランスからミシシッピ（Mississippi）川以西のルイジアナ（Louisiana）を購入

① A→B→D→C
② B→C→A→D
③ C→D→B→A
④ D→A→C→B

問28 ビスマルク（Otto von Bismarck）に関する記述として最も適当なものを，次の①～④の中から一つ選びなさい。 35

① フランスの孤立化を徹底させる外交政策は，「棍棒外交」と呼ばれた。

② フランクフルト（Frankfurt）国民議会と協力して，大ドイツ主義に基づく憲法を制定した。

③ 「鉄（武器）」と「血（兵士）」によって問題は解決される，とするビスマルクの軍備拡張政策は鉄血政策と呼ばれた。

④ オランダと協力してデンマーク（Denmark）との戦争に勝利し，シュレスヴィヒ（Schleswig）・ホルシュタイン（Holstein）を獲得した。

問29 19世紀後半以降のオスマン帝国（Ottoman Empire）またはトルコ共和国（Republic of Turkey）に関する記述として最も適当なものを，次の①～④の中から一つ選びなさい。 36

① 立憲政治を求める声が強まったため，アブデュルハミト2世（Abdülhamit II）は憲法を自ら起草した。

② ロシアとの戦争に勝利し，ベルリン条約（Treaty of Berlin）によってルーマニア（Romania）やセルビア（Serbia）を獲得した。

③ 青年トルコ革命（Young Turk Revolution）では，青年トルコ人がパン・トルコ主義（Pan-Turkism）を掲げて政権を握り，憲法を停止した。

④ ムスタファ・ケマル（Mustafa Kemal）は，連合国との間でローザンヌ条約（Treaty of Lausanne）を結び，不平等な関係を解消した。

問30 日本が結んだ条約に関する記述として最も適当なものを，次の①〜④の中から一つ選びなさい。　37

① 日米修好通商条約（The Treaty of Amity and Commerce between the United States and Japan）では，通商は自由貿易とされた。

② 下関条約は日清戦争（First Sino-Japanese War）の講和条約であり，遼東半島（Liaodong Peninsula）の日本への譲渡などが定められていたが，日本は賠償金を得ることはできなかった。

③ 日露戦争（Russo-Japanese War）の講和条約であるポーツマス条約（Treaty of Portsmouth）では，樺太全土がロシア領，千島列島全土が日本領と定められた。

④ ヴェルサイユ条約（Treaty of Versailles）には，日本の中国（China）に対する二十一カ条の要求の撤廃が盛り込まれた。

問31 1929年10月のアメリカでの株式市場暴落に始まる世界恐慌が日本に及ぼした影響に関する記述として最も適当なものを，次の①〜④の中から一つ選びなさい。　38

① 先進国はプラザ合意（Plaza Accord）に基づき外国為替市場に介入したが，日本の不況は長期にわたった。

② 不況で治安が悪化したため，治安維持法が制定された。

③ 世界恐慌と同時期に日本政府が金輸出解禁（金解禁）を実施したため，不況が激化した。

④ 米価が高騰し，米騒動が起こった。

第 9 回 模擬試験

解答時間：80分

9

問1　次の会話を読み，下の問い(1)～(4)に答えなさい。

よし子：フランス（France）は，EU（欧州連合）加盟国ですから，同じEU加盟国に₁輸出しても関税はかからないのですよね。

先　生：はい。EUは，　a　。

よし子：そういえば，₂パリ（Paris）で買い物をしても，免税店であれば免税の手続きがとれると聞いたことがあります。

先　生：よく知っていますね。免税の手続きをすれば付加価値税が一定の割合で免除されます。

よし子：私の友達が，₃フランスとドイツ（Germany）に旅行に行って，免税の手続きをとったと言っていました。私もいつか，いろいろな国を旅行したいです。

先　生：旅は視野を広げてくれます。行けるとよいですね。

(1) 下線部1に関して，次の表は，2015年に日本がアメリカ（USA），カナダ（Canada），オーストラリア（Australia），タイ（Thailand）から輸入した品目の上位5品目とその割合を示したものである。表中のAに当てはまるものとして最も適当なものを，下の①〜④の中から一つ選びなさい。 1

単位：％

アメリカからの輸入		
1位	機械類	28.5
2位	航空機類	6.9
3位	医薬品	5.5
4位	科学光学機器	5.3
5位	A	4.5

カナダからの輸入		
1位	なたね	11.4
2位	A	9.8
3位	木材	9.6
4位	石炭	9.1
5位	銅鉱	8.7

オーストラリアからの輸入		
1位	石炭	30.7
2位	液化天然ガス	28.0
3位	鉄鉱石	14.8
4位	A	5.4
5位	銅鉱	3.5

タイからの輸入		
1位	機械類	35.1
2位	A	7.4
3位	魚介類	4.5
4位	金属製品	4.3
5位	プラスチック	3.7

矢野恒太記念会『日本国勢図会　2016/17年版』より作成

① 原油

② 鉄鋼

③ 衣類

④ 肉類

(2) 上の会話中の空欄 a に当てはまるものとして最も適当なものを，次の①〜④の中から一つ選びなさい。 2

① 域内の関税は撤廃し，域外に対しては共通関税制度をとっています
② 域内の関税は撤廃していますが，域外に対する共通関税制度はとられていません
③ 域内の関税は撤廃していませんが，域外に対しては共通関税制度をとっています
④ 先進国に対する関税は低く設定していますが，発展途上国に対する関税は高く設定しています

(3) 下線部2に関して，パリの空港の一つに，パリ=シャルル・ド・ゴール（Paris-Charles-de-Gaulle）空港がある。シャルル・ド・ゴールに関する記述として最も適当なものを，次の①〜④の中から一つ選びなさい。 3

① 第二次世界大戦ではドイツに降伏し，フランスの南部を統治した。
② アルジェリア（Algeria）の独立を承認した。
③ 第三共和国憲法を制定した。
④ NATO（北大西洋条約機構）を脱退し，ワルシャワ条約機構（Warsaw Treaty Organization）に加盟した。

(4) 下線部3に関して，フランスとドイツの現在の政治制度に関する記述として最も適当なものを，次の①〜④の中から一つ選びなさい。 4

① フランスの大統領は，国民議会（下院）により選出される。
② フランスの大統領は，首相や閣僚の任免権に加え，国民議会の解散権を持つ。
③ ドイツでは議院内閣制が採用されており，大統領は存在しない。
④ ドイツでは，上下院ともに内閣不信任決議をすることはできない。

問2　次の文章を読み，下の問い(1)〜(4)に答えなさい。

　₁ロシア（Russia）の国土は東西11,000kmに及び，面積は世界最大である。その東西をつなぐ₂シベリア鉄道（Trans-Siberian Railroad）はモスクワ（Moscow）からウラジオストク（Vladivostok）まで9,297kmに及ぶ距離を約 7 日間かけて走行する。ロシアの地形を見ると，西部が低地，東部は高原と山脈からなっている。西部の低地は，　a　の　b　山脈によって二分されており，東部には広大な高原もある。

　ロシア経済は，その広大な国土に埋蔵されている石油や天然ガスといった豊富な資源への依存度を高めており，₃資源の輸出で得た外貨で工業製品を輸入するという貿易構造の改善が課題となっている。

(1)　下線部 1 に関して，ロシアはCIS（独立国家共同体）などの枠組みを通じて旧ソ連（USSR）の構成共和国の結束・強化を図っている。2016年末時点でCISに加盟している国として正しいものを，次の①〜④の中から一つ選びなさい。　5

　　①　エストニア（Estonia）
　　②　フィンランド（Finland）
　　③　アゼルバイジャン（Azerbaijan）
　　④　アルバニア（Albania）

(2)　下線部 2 に関して，シベリア鉄道は1904年に全線開通したが，シベリア鉄道の建設は，鉄道の建設が戦争を誘発した唯一の例だと言われている。その戦争として最も適当なものを，次の①〜④の中から一つ選びなさい。　6

　　①　日露戦争（Russo-Japanese War）
　　②　湾岸戦争（Gulf War）
　　③　ロシア・トルコ戦争（Russo-Turkish Wars）
　　④　クリミア戦争（Crimean War）

(3) 上の文章中の空欄 a ， b に当てはまる語の組み合わせとして最も適当なものを，次の①〜④の中から一つ選びなさい。　7

	a	b
①	新期造山帯	グレートディヴァイディング
②	新期造山帯	ウラル
③	古期造山帯	グレートディヴァイディング
④	古期造山帯	ウラル

注）グレートディヴァイディング（Great Dividing），ウラル（Ural）

(4) 下線部 3 に関して，単一または少数の農産物や鉱産物に依存している経済構造のことを何というか。最も適当なものを，次の①〜④の中から一つ選びなさい。　8

① ブロック経済（bloc economy）

② マネタリズム（monetarism）

③ モノカルチャー経済（monoculture economy）

④ 経済のソフト（soft）化

問 3　金融のグローバル化が進む中で1990年代に起こった出来事に関する記述として最も適当なものを，次の①〜④の中から一つ選びなさい。　9

① 日本では，村山内閣が，金融ビッグバンを進めた。

② タイでは，ヘッジファンド（Hedge Fund）による投機的資金の引き揚げにより，通貨バーツの相場が急落し，経済に大きな打撃を与えた。

③ ロシアでは，財政危機と通貨危機が発生したため，ゴルバチョフ（Mikhail Gorbachev）大統領がペレストロイカ（perestroika）を進めた。

④ ブラジル（Brazil）は，アメリカのジョンソン（Lyndon Johnson）政権のもとでドル高が進んだことから，債務危機に陥った。

問4 次の図は，家計，企業，政府という三つの経済主体で構成される経済循環を示したものである。図中のa〜dに当てはまるものの組み合わせとして最も適当なものを，下の①〜④の中から一つ選びなさい。　10

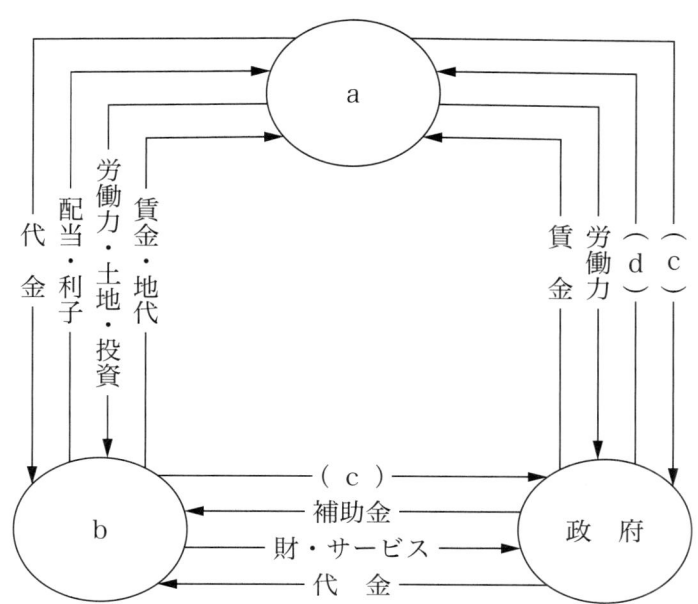

	a	b	c	d
①	家計	企業	社会保障給付	租税
②	家計	企業	租税	社会保障給付
③	企業	家計	社会保障給付	租税
④	企業	家計	租税	社会保障給付

問5　一国内の労働市場について，縦軸に賃金，横軸に売買される労働量をとるとき，この国の労働量の需要曲線は右下がり，供給曲線は右上がりになると考えられる。この労働市場に関する説明として最も適当なものを，次の①～④の中から一つ選びなさい。

11

① 外国人労働者の雇用を許可していない国において労働力人口が減少すると，供給曲線は右にシフトする。

② 外国人労働者が以前よりも多く国内に流入すれば，供給曲線は左にシフトする。

③ 景気が以前より悪化して企業が新規雇用を控える動きを強めると，需要曲線は右にシフトする。

④ 自国通貨安が進み，企業が外国の工場を閉鎖して国内に新規に工場を建設すると，需要曲線は右にシフトする。

問6　次の表は，日本，中国（China），アメリカ，インド（India）の二酸化炭素（CO_2）排出量の状況を示したものである。表中のA～Dに当てはまる国の組み合わせとして最も適当なものを，下の①～④の中から一つ選びなさい。

12

	2014年の排出量（百万t-CO_2）	1990～2014年の増減率（％）	2014年の1人当たりの排出量（t-CO_2）
A	9,135	333.1	6.66
B	5,176	7.8	16.22
C	1,189	14.2	9.35
D	2,020	280.8	1.56

注）排出量とは，燃料燃焼による二酸化炭素排出量のことである。
　　増減率とは，1990年の排出量と2014年の排出量を比較したときの増減の割合である。
IEA「CO_2 Emissions from Fuel Combustion Highlights 2016」より作成

	A	B	C	D
①	中国	アメリカ	日本	インド
②	中国	インド	アメリカ	日本
③	アメリカ	インド	日本	中国
④	アメリカ	日本	インド	中国

問7 日本の環境問題への取り組みに関する記述として最も適当なものを，次の①〜④の中から一つ選びなさい。 13

① 政府は，公害の拡大に一定の歯止めをかけるために，高度経済成長期に環境基本法を制定した。
② 環境基本法に公害として規定されているものとして，土壌汚染，水質汚濁，放射能汚染がある。
③ 2000年代初頭の省庁再編に伴い，公害対策・環境行政を一元化するために，環境庁が設置された。
④ 公害を発生させた企業に対して公害防止に必要な費用を負担させるべきであるという原則を汚染者負担の原則（PPP）といい，日本の法律にも採用されている。

問8 経済学者とその著書の組み合わせとして最も適当なものを，次の①〜④の中から一つ選びなさい。 14

	経済学者	著書名
①	アダム・スミス	『外国貿易によるイングランドの財宝』
②	リカード	『経済学および課税の原理』
③	ケインズ	『経済発展の理論』
④	フリードマン	『雇用・利子および貨幣の一般理論』

注）アダム・スミス（Adam Smith），リカード（David Ricardo），
ケインズ（John Maynard Keynes），フリードマン（Milton Friedman），
『外国貿易によるイングランドの財宝』（*England's Treasure by Foreign Trade*），
『経済学および課税の原理』（*On the Principles of Political Economy and Taxation*），
『経済発展の理論』（*Theory of Economic Development: An Inquiry into Profits, Capital, Credit, Interest and the Business Cycle*），
『雇用・利子および貨幣の一般理論』（*The General Theory of Employment, Interest and Money*）

問9　バターの日本国内への供給が減少しているため、政府が、現在よりも低い額を価格の上限とすることでバターの価格の上昇を防ぐ政策を導入したとするとき、この政策の効果に関する記述として最も適当なものを、次の①～④の中から一つ選びなさい。

15

① バターの代替財であるマーガリンの供給が増加する。
② バターを供給する企業のカルテル（cartel）を促進する。
③ 消費者のバターへの需要が増加する。
④ バターの供給が増加し、バターの価格が上昇する。

問10　次の表は、A国、B国における、銅とスマートフォン（smartphone）をそれぞれ1単位生産するために必要な労働者数を示したものである。これらの財の生産には労働しか用いられず、各国内の労働者は、この二つの産業で全員雇用されるとする。また、両国間では、銅4単位に対してスマートフォン1単位の比率で交換できるとする。比較生産費説に基づき、この表から読み取ることができる内容として最も適当なものを、下の①～④の中から一つ選びなさい。

16

	銅1単位の生産に必要な労働者数	スマートフォン1単位の生産に必要な労働者数
A国	12人	6人
B国	1人	3人

① A国においても、B国においても、銅よりもスマートフォンの方が労働者一人当たりの生産可能な量が多い。
② 銅の生産においても、スマートフォンの生産においても、B国よりもA国の方が労働者一人当たりの生産可能な量が多い。
③ A国が、銅1単位の減産に代えて増産したスマートフォンをすべてB国の銅と交換すれば、A国の銅の生産量は減産しない場合よりも増える。
④ B国が、スマートフォン1単位の減産に代えて増産した銅をすべてA国のスマートフォンと交換すれば、B国のスマートフォンの生産量は減産しない場合よりも増える。

問11 次のグラフは，日本における，第一次産業，第二次産業，第三次産業の産出額がGDP（国内総生産）に占める割合の推移を示したものである。グラフ中のA～Cに当てはまるものの組み合わせとして最も適当なものを，下の①～④の中から一つ選びなさい。 17

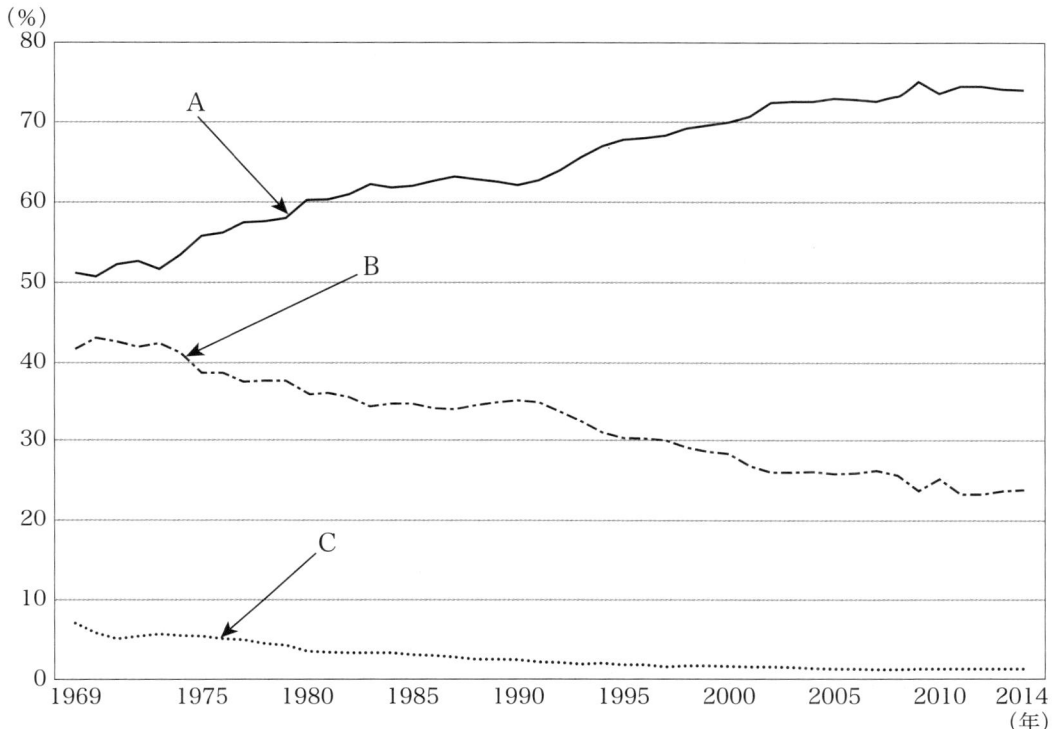

総務省統計局「日本統計年鑑」平成25年，平成29年より作成

	A	B	C
①	第三次産業	第一次産業	第二次産業
②	第三次産業	第二次産業	第一次産業
③	第一次産業	第三次産業	第二次産業
④	第一次産業	第二次産業	第三次産業

問12 第二次世界大戦後の日本の経済の復興や民主化に関する記述として最も適当なものを，次の①～④の中から一つ選びなさい。 18

① 石炭や鉄鋼などの基幹産業に資金と原材料を集中的に投入する，傾斜生産方式が採用された。
② アメリカから，生活支援や産業復興支援として，SDR（特別引き出し権）の交付を受けた。
③ 財閥解体のために，持株会社の設立を解禁した。
④ 農地改革の一環として，小作人の増加を図った。

注）小作人とは，使用料を支払って，地主から借りた田畑を耕作する人のことである。

問13 次の文章中の空欄 a , b に当てはまる語の組み合わせとして最も適当なものを，下の①～④の中から一つ選びなさい。 19

日本の名目GDPはX年度が450兆円，Y年度が480兆円であった。円とドルの為替レートがX年度の平均で1ドル＝100円，Y年度の平均で1ドル＝120円であった場合，Y年度はX年度と比べて a になったといえる。この為替レートを用いて日本の名目GDPをドルに換算すると，Y年度の名目GDPはX年度と比べておよそ5,000億ドル b したことになる。

	a	b
①	円安ドル高	増加
②	円安ドル高	減少
③	円高ドル安	増加
④	円高ドル安	減少

問14 イギリス（UK）のロンドン（London）から，ニュージーランド（New Zealand）のウェリントン（Wellington）までを，最短距離で移動した場合のおよその距離として最も適当なものを，次の①～④の中から一つ選びなさい。 20

① 10,000km
② 20,000km
③ 30,000km
④ 40,000km

問15 東京が12月25日午前 8 時のとき，同日の午前 9 時である都市として正しいものを，次の①～④の中から一つ選びなさい。ただし，サマータイム制度は考慮しないこととする。 21

① シドニー（Sydney）
② 北京（Beijing）
③ ブエノスアイレス（Buenos Aires）
④ シカゴ（Chicago）

問16 船舶の税負担を大きく軽減したり，外国人の持つ船舶の船籍登録を許可したりすることなどにより，外国の船の誘致を図っている国のことを，便宜置籍国という。便宜置籍国として世界でも有数の船舶を保有していることで知られ，鉄鉱石の産出と天然ゴムの栽培が盛んな国として正しいものを，次の①～④の中から一つ選びなさい。 22

① マレーシア（Malaysia）
② イラン（Iran）
③ リベリア（Liberia）
④ ベネズエラ（Venezuela）

問17 次の文章に関する下の問い(1), (2)に答えなさい。

中東 (Middle East) に位置する a は, シオニズム (Zionism) 運動の隆盛を受けた国際連合 (UN) の決議を経て1948年に独立を宣言した国家であり, a が首都としている b は, 三つの宗教の聖地という世界でも類のない宗教都市である。

(1) 上の文章中の空欄 a , b に当てはまる語の組み合わせとして最も適当なものを, 次の①～④の中から一つ選びなさい。 23

	a	b
①	イスラエル	エルサレム
②	イスラエル	リヤド
③	サウジアラビア	エルサレム
④	サウジアラビア	リヤド

注) イスラエル (Israel), サウジアラビア (Saudi Arabia), エルサレム (Jerusalem), リヤド (Riyadh)

(2) 下線部に関して, 都市 b に関する次の記述A～Cの正誤の組み合わせとして最も適当なものを, 下の①～④の中から一つ選びなさい。 24

A b には, かつてユダヤ教 (Judaism) のソロモン (Solomon) の神殿があり, 現在は, その唯一の遺構として「大いなる火葬場」が残っている。

B b は, キリスト教徒 (Christian) にとって, ナザレのイエス (Jesus of Nazareth) が布教し, 処刑され, 埋葬され, 復活した場所であるという点で, 重要な都市である。

C b は, イスラーム教にとって第三の聖地であり, 主な聖域として「菩提樹」がある。

	A	B	C
①	正	正	誤
②	正	誤	誤
③	誤	正	正
④	誤	正	誤

問18 次のグラフは，2011年におけるアメリカ，イタリア (Itary)，トルコ (Turkey)，韓国 (South Korea) の食料自給率を示したものである。A～Dに当てはまる国の組み合わせとして最も適当なものを，下の①～④の中から一つ選びなさい。 25

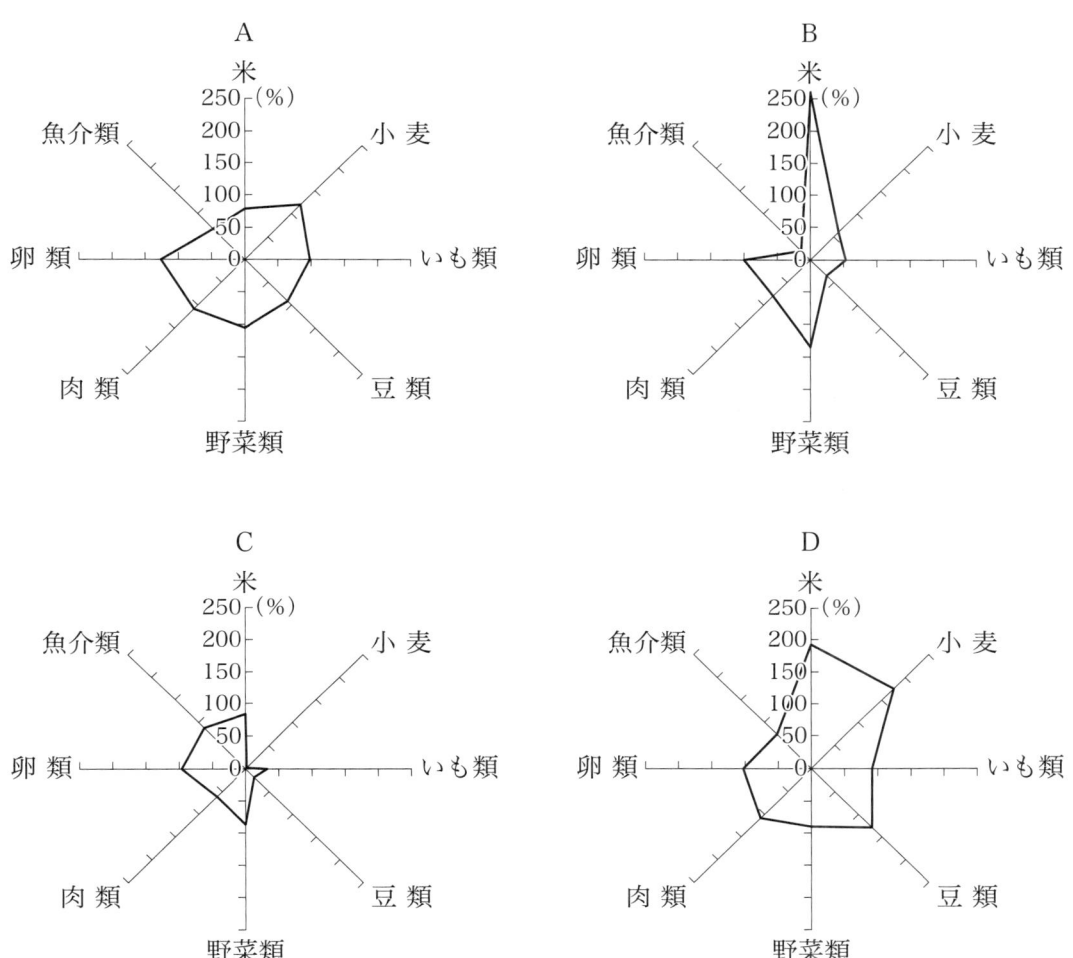

総務省統計局「世界の統計2016」より作成

	A	B	C	D
①	イタリア	アメリカ	トルコ	韓国
②	イタリア	アメリカ	韓国	トルコ
③	トルコ	韓国	イタリア	アメリカ
④	トルコ	イタリア	韓国	アメリカ

問19 次の表は，東京都，島根県，宮城県，沖縄県の2014年における合計特殊出生率，人口の社会増減率，高齢化率を示したものである。表中のA～Dに当てはまる都道府県の組み合わせとして最も適当なものを，下の①～④の中から一つ選びなさい。26

	合計特殊出生率	人口の社会増減率（%）	高齢化率（%）
A	1.30	0.19	24.6
B	1.86	0.02	19.0
C	1.15	0.66	22.5
D	1.66	−0.22	31.8

総務省ウェブサイト，内閣府「平成28年版 少子化社会対策白書」，「平成28年版 高齢社会白書」より作成

	A	B	C	D
①	宮城県	東京都	島根県	沖縄県
②	宮城県	沖縄県	東京都	島根県
③	島根県	沖縄県	宮城県	東京都
④	島根県	沖縄県	東京都	宮城県

問20 次の表は，ASEAN（東南アジア諸国連合）に加盟している国のうち，シンガポール（Singapore），タイ，ブルネイ（Brunei），フィリピン（Philippines）の一人当たりGNI（国民総所得），耕地・樹園地の面積，輸出額を示したものである。表中のA～Dに当てはまる国の組み合わせとして最も適当なものを，下の①～④の中から一つ選びなさい。 **27**

	一人当たりGNI（ドル）	耕地・樹園地の面積（千ha）	輸出額（百万ドル）
A	3,444	10,940	62,148
B	40,525	11	10,588
C	5,648	21,310	225,190
D	54,224	1	405,295

注）一人当たりGNI，輸出額は2014年，耕地・樹園地は2013年のデータによる。
矢野恒太記念会『世界国勢図会　2016/17年版』より作成

	A	B	C	D
①	タイ	フィリピン	シンガポール	ブルネイ
②	タイ	フィリピン	ブルネイ	シンガポール
③	フィリピン	タイ	シンガポール	ブルネイ
④	フィリピン	ブルネイ	タイ	シンガポール

問21 次のグラフは，日本，中国，インド，インドネシア（Indonesia）の漁業生産量の推移を示したものである。日本に当てはまるものとして最も適当なものを，下の①～④の中から一つ選びなさい。 28

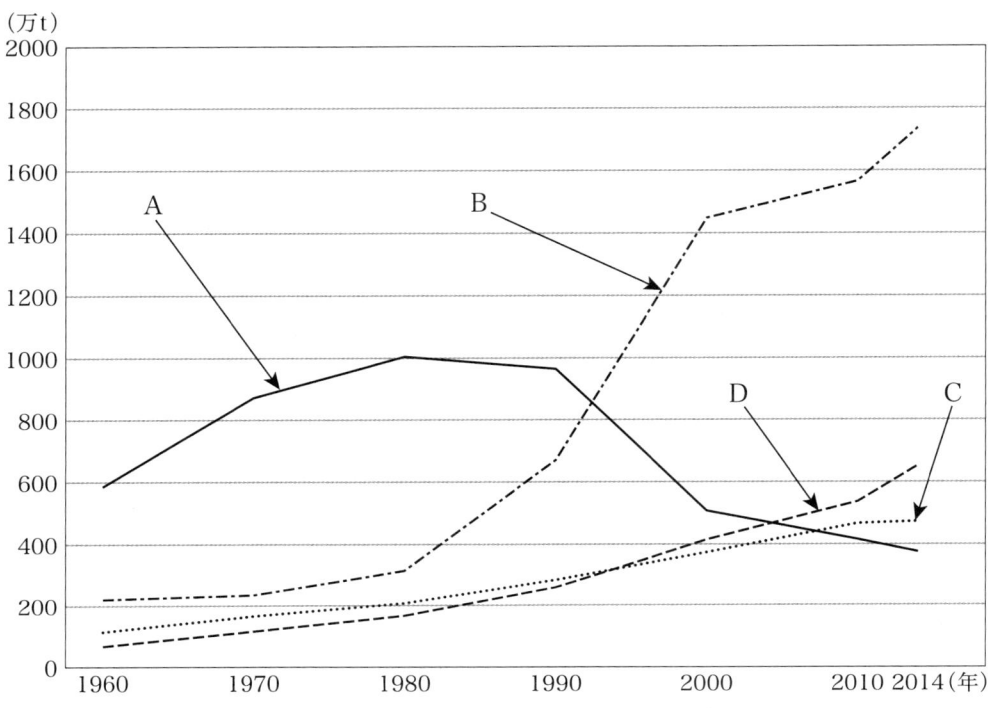

水産庁「平成27年度 水産白書」より作成

① A
② B
③ C
④ D

問22 社会契約説に関する記述として最も適当なものを，次の①〜④の中から一つ選びなさい。29

① 社会契約説では，国家が成立する前の人間たちの状態を想定し，それを「ポリアーキー（polyarchy）」と呼ぶ。

② 社会契約説では，人間は生まれながらにして権利を持つという考えを前提としており，その権利を「自然権」と呼ぶ。

③ ホッブズ（Thomas Hobbes）は，フランス革命（French Revolution）の混乱を経験したことから，自己保存の欲求を満たすためには，強力な国家が必要だと考えた。

④ ロック（John Locke）は社会契約後の国家について直接民主制をとるべきと主張したのに対し，ルソー（Jean-Jacques Rousseau）は間接民主制をとるべきと主張した。

問23 人権の国際化に関する記述として最も適当なものを，次の①〜④の中から一つ選びなさい。30

① 国際人権規約B規約の第二選択議定書は，ジェノサイド条約と呼ばれている。

② 日本は，女子差別撤廃条約を批准するため，女性の年齢階級別労働力率のグラフが描く「M字カーブ」がさらに明確になるように努めた。

③ 南アフリカ（South Africa）でアパルトヘイト（apartheid）が廃止されたことを受けて，人種差別撤廃条約が国際連合の総会で採択された。

④ 日本は，障害者権利条約を批准している。

注）国際人権規約（International Covenants on Human Rights）
第二選択議定書（Second Optional Protocol to the International Covenant on Civil and Political Rights），
ジェノサイド条約（Convention on the prevention and Punishment of the Crime of Genocide），
女子差別撤廃条約（Convention on the Elimination of All Forms of Discrimination against Women），
人種差別撤廃条約（International Convention on the Elimination of All Forms of Racial Discrimination），
障害者権利条約（Convention on the Rights of Persons with Disabilities）

問24 難民に関する記述として最も適当なものを，次の①～④の中から一つ選びなさい。 31

① 難民条約（Convention Relating to the Status of Refugees）では，国内避難民や経済難民も保護と救済の対象とされている。
② 日本は難民条約に加入しているが，他の先進国よりも難民の受け入れ数が少ないと国際的に批判されることもある。
③ 迫害される恐れがあったとしても，難民を母国へ送還しなければならないとする原則を，ノン・ルフールマン（non-refoulement）の原則という。
④ 国連ミレニアム宣言（United Nations Millennium Declaration）に基づき，UNHCR（国連難民高等弁務官事務所）が設立された。

問25 地方公共団体が定める条例に関する記述として最も適当なものを，次の①～④の中から一つ選びなさい。 32

① 日本国憲法では，法律の範囲内で条例を定めることができると規定されている。
② 直接請求制度のうちに，条例の制定請求は含まれていない。
③ 地方裁判所の裁判官の報酬を引き下げる条例を制定することができる。
④ 2000年代に行われた「三位一体の改革」により，法定受託事務に関する条例を制定することが認められた。

問26 日本国憲法が議院内閣制を採用していることの根拠となるものの記述として**適当でないもの**を，次の①～④の中から一つ選びなさい。 33

① 両議院は，院内の秩序を乱した議員を懲罰することができる。
② 衆議院は，内閣に対する不信任決議をすることができる。
③ 内閣は，行政権の行使について，国会に対して連帯して責任を負う。
④ 内閣総理大臣は，国会の議決により国会議員の中から指名される。

問27 フランス革命に関する記述として最も適当なものを，次の①〜④の中から一つ選びなさい。　34

① 人権宣言は，ラ=ファイエット（Marquis de La Fayette）が起草した。
② 一滴の血を流すこともなく革命に成功したことから，名誉革命とも呼ばれている。
③ イギリスのグラッドストン（William Gladstone）首相は，革命が自国に波及することを恐れ，第1回対仏大同盟（First Coalition）を結成した。
④ ロベスピエール（Maximilien de Robespierre）は，ナポレオン（Napoléon Bonaparte）によるクーデタで権力を失った。

問28 西部のフロンティア消滅後のアメリカの状況に関する記述として最も適当なものを，次の①〜④の中から一つ選びなさい。　35

① 門戸開放政策を掲げる一方で，中国から香港（Hong Kong）を租借した。
② パン・アメリカ会議（Pan-American Congress）を開き，ラテンアメリカ（Latin America）の植民地化を進めた。
③ 積極的な「カリブ海政策（Caribbean Policy）」を展開し，スエズ（Suez）運河の建設権を獲得した。
④ スペイン（Spain）との戦争に勝利し，キューバ（Cuba）を独立させて事実上の保護国とした。

問29　冷戦期の国際情勢に関する記述として最も適当なものを，次の①〜④の中から一つ選びなさい。　36

① キューバ危機（Cuban Missile Crisis）において，アメリカとソ連の間で核戦争の危機が高まったことから，両国間でCTBT（包括的核実験禁止条約）が調印された。

② アメリカのニクソン（Richard Nixon）大統領は，自らの辞任と引きかえに，ベトナム戦争（Vietnam War）からの撤退を実現した。

③ 第1次石油危機（Oil Crisis）の原因は，イラン革命を受けてOPEC（石油輸出国機構）が原油価格を大幅に引き上げたことにある。

④ ソ連のゴルバチョフ書記長は，アメリカのブッシュ（George H. W. Bush）大統領とマルタ（Malta）で会談を行い，冷戦の終結を宣言した。

問30　第二次世界大戦勃発以前の日本の政党に関する記述として最も適当なものを，次の①〜④の中から一つ選びなさい。　37

① 岩倉具視は，明治十四年の政変後，イギリス流の立憲政治をめざして立憲改進党を結成した。

② 第1次伊藤博文内閣は初の政党内閣であったが，憲政党が分裂したため，1年もたたずに総辞職した。

③ 原敬内閣は，陸軍・海軍・外務の三大臣を除く大臣が立憲政友会の党員で占められている本格的な政党内閣であった。

④ 憲政会を与党とする第2次大隈重信内閣のもとで，普通選挙法と同時に治安維持法が成立した。

問31　1960年代の日本に関する出来事A～Dを年代順に並べ替えたものとして正しいものを，下の①～④の中から一つ選びなさい。　38

A　IMF 8 条国への移行

B　国民所得倍増計画の閣議決定

C　小笠原諸島の返還

D　東海道新幹線の開通

注）IMF（国際通貨基金）

①　A→D→C→B

②　B→A→D→C

③　C→B→A→D

④　D→C→B→A

第 ⑩ 回 模擬試験

解答時間：80分

10

問1　次の会話を読み，下の問い(1)～(4)に答えなさい。

　　学生：ILO（国際労働機関）について教えてください。
　　先生：ILOは₁ヴェルサイユ条約（Treaty of Versailles）によって1919年に設立され，全世界の₂働く人々のために社会正義を促進することを目的としています。
　　学生：₃国際連合（国連，UN）よりも早く設立されたのですね。
　　先生：そうですね。また，ILOは国連の最初の専門機関となっています。
　　学生：本部はアメリカ（USA）のニューヨーク（New York）ですか？
　　先生：いいえ。スイス（Switzerland）の₄ジュネーヴ（Geneva）です。
　　学生：分かりました。ありがとうございます。

(1) 下線部1に関して，ヴェルサイユ条約に関する記述として最も適当なものを，次の①～④の中から一つ選びなさい。　　　1

① ヴェルサイユ条約の締結により，日英同盟（Anglo-Japanese Alliance）は廃棄された。
② ドイツ（Germany）がラインラント（Rhineland）をフランス（France）に返還することが定められた。
③ 国際連盟（League of Nations）の設置が定められた。
④ オスマン帝国（Ottoman Empire）の領土を大幅に縮小させることが定められた。

(2) 下線部2に関して，日本の労働問題に関する記述として最も適当なものを，次の①～④の中から一つ選びなさい。　　　2

① 2010年代前半の非正規雇用者の全雇用者に占める割合は，30％を超えている。
② 一人当たり平均年間総実労働時間の国際比較を見ると，日本はアメリカよりも長いが，フランスやドイツよりは短い。
③ 2010年代前半の労働組合組織率をみると，40％前後を推移している。
④ 日本の雇用慣行として，終身雇用，年功序列型賃金，職業別労働組合が挙げられる。

(3) 下線部**3**に関して，国連に関する記述として最も適当なものを，次の①〜④の中から一つ選びなさい。　　3

① 国連の主要機関は，総会，安全保障理事会，事務局，経済社会理事会，信託統治理事会，国際刑事裁判所である。

② 国連憲章（Charter of the United Nations）には，国際の平和及び安全を維持することが国連の目的の一つとして掲げられている。

③ 経済社会理事会では，総会によって選出される54か国の他に，アムネスティ・インターナショナル（Amnesty International）などのNGO（非政府組織）も表決に参加する権利を持つ。

④ 「平和のための結集」決議（"Uniting for Peace" Resolution）は，キューバ危機（Cuban Missile Crisis）の際に安全保障理事会が機能を果たせなくなったため，総会で採択された。

(4) 下線部4に関して、ジュネーヴの位置として正しいものを、次の地図中の①～④の中から一つ選びなさい。 4

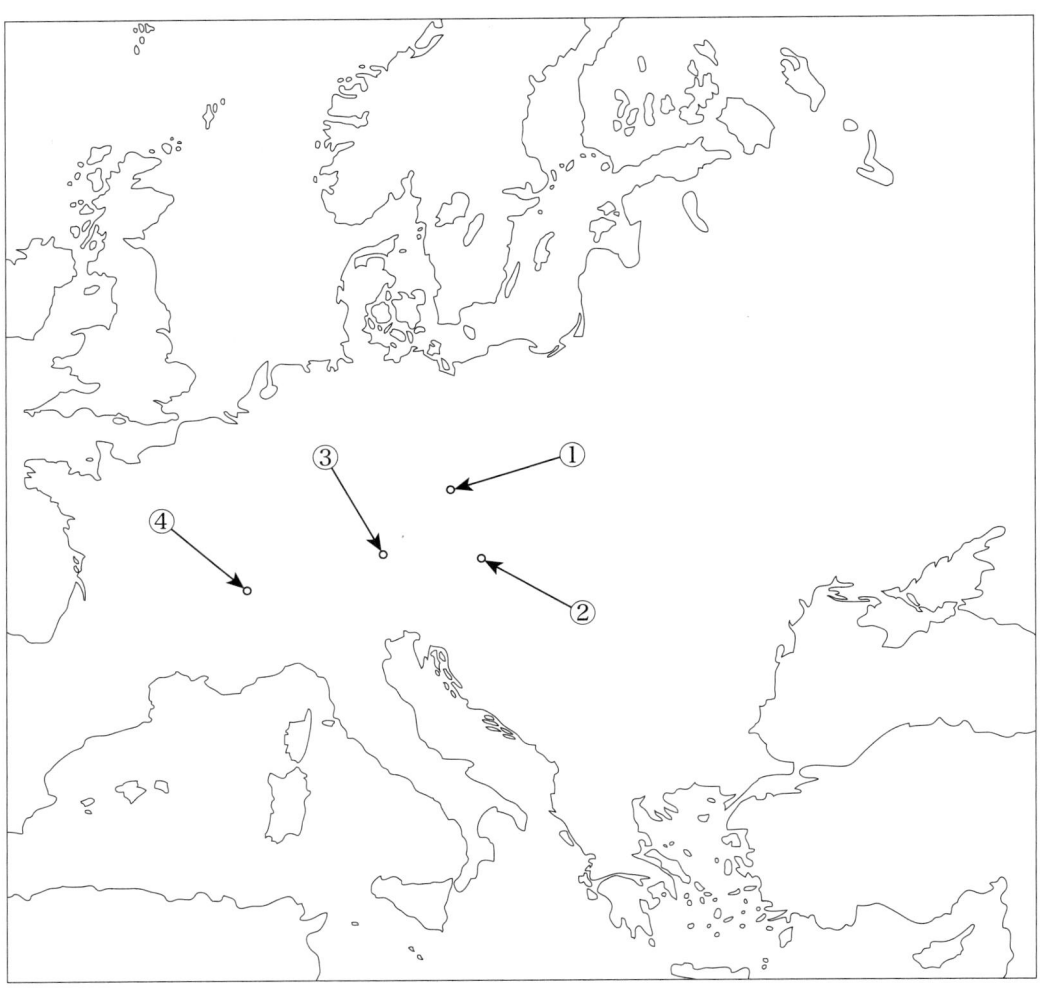

問2 次の文章を読み，下の問い(1)～(4)に答えなさい。

　メキシコ（Mexico）は，1821年に独立を達成したが，独立後は，ディアス（Porfirio Díaz）大統領による独裁体制が敷かれた。これに対し，1910年に革命が起こり，1917年には民主的な憲法が制定されたが，憲法制定後も内乱が続き，₁政情は安定しなかった。

　第二次世界大戦後のメキシコは，豊富な₂エネルギー・鉱産資源を輸出する経済体制から，輸入に依存してきた消費財などを国内で生産する ａ への転換を進めた。さらに，工業製品の輸出も増進させ，メキシコは「メキシコの奇跡」と呼ばれる高度経済成長を達成した。しかし，メキシコの経済成長は外国資本に大きく依存していたために，1980年代から₃1990年代にかけて深刻な累積債務問題が生じた。

(1) 下線部１に関して，独立後のメキシコに関する記述として最も適当なものを，次の①～④の中から一つ選びなさい。　5

① メキシコはアメリカ＝メキシコ戦争（Mexican-American War）に敗北し，フロリダ（Florida）を失った。

② フランスはメキシコの内乱に干渉し，ナポレオン３世（Napoléon III）をメキシコ皇帝とした。

③ カストロ（Fidel Castro）が社会主義宣言を発表したことを，メキシコ革命（Mexican Revolution）と呼ぶ。

④ 「宣教師外交」を唱えるアメリカのウィルソン（Woodrow Wilson）大統領は，革命の続くメキシコに軍事介入を行った。

(2) 下線部2に関して、次の表は、2013年における、日本、アメリカ、インド（India）、オーストラリア（Australia）の一次エネルギーの自給率と人口一人当たり供給を示したものである。表中のA～Dに当てはまる国の組み合わせとして最も適当なものを、下の①～④の中から一つ選びなさい。 6

	一次エネルギーの自給率（％）	人口一人当たり供給（石油換算 t）
A	6	3.57
B	67	0.62
C	86	6.92
D	266	5.55

矢野恒太記念会『世界国勢図会　2016/17年版』より作成

	A	B	C	D
①	日本	インド	アメリカ	オーストラリア
②	日本	アメリカ	オーストラリア	インド
③	インド	日本	オーストラリア	アメリカ
④	インド	アメリカ	日本	オーストラリア

(3) 上の文章中の空欄 a に当てはまる語として最も適当なものを、次の①～④の中から一つ選びなさい。 7

① 輸出指向型工業

② 輸入代替型工業

③ 産業の空洞化

④ ベンチャービジネス（venture business）

(4) 下線部3に関して，1990年代のメキシコの貿易についての協定に関する記述として最も適当なものを，次の①〜④の中から一つ選びなさい。　8

① TPP（環太平洋パートナーシップ）協定に署名した。
② MERCOSUR（南米南部共同市場）に加盟した。
③ アメリカ，カナダ（Canada）とNAFTA（北米自由貿易協定）を締結した。
④ 日本とEPA（経済連携協定）を締結した。

問3　利子率が，市場での資金の需要と供給により次のグラフのように決まるとする。景気が後退し，企業が設備投資を控える動きが強まっている場合，利子率及び貸借される資金量にはどのような変化が生じるか。最も適当なものを，下の①〜④の中から一つ選びなさい。　9

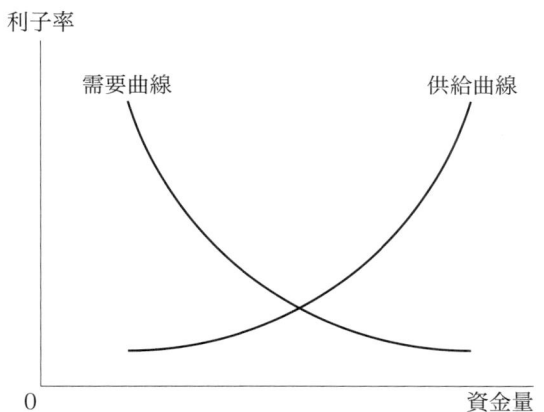

① 利子率は下落し，貸借される資金量は増加する。
② 利子率は下落し，貸借される資金量は減少する。
③ 利子率は上昇し，貸借される資金量は増加する。
④ 利子率は上昇し，貸借される資金量は減少する。

問4 次のグラフは，日本，アメリカ，イギリス（UK），フランス，ドイツ，スウェーデン（Sweden）の国民負担率を示したものである。グラフ中のA〜Dに当てはまる国の組み合わせとして最も適当なものを，下の①〜④の中から一つ選びなさい。　10

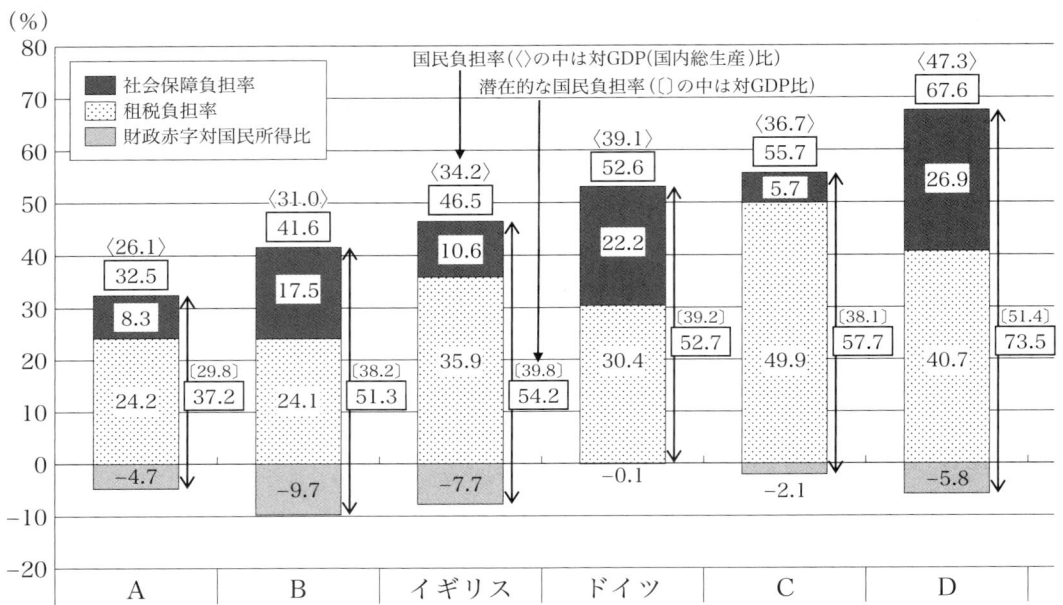

注）日本は2013年度，他の国は2013年のデータによる。
　　財政赤字の国民所得比は，日本及びアメリカについては一般政府から社会保障基金を除いたベースで，その他の国は一般政府ベースである。
財務省ウェブサイトより作成

	A	B	C	D
①	日本	スウェーデン	フランス	アメリカ
②	日本	アメリカ	スウェーデン	フランス
③	アメリカ	日本	フランス	スウェーデン
④	アメリカ	日本	スウェーデン	フランス

問5　ある経済が，小麦を生産する農家，小麦を加工して小麦粉を販売する製粉業者，小麦粉を使ってパンを作るパン工場，パンを消費者に販売する小売店から成り立っていると仮定する。農家は小麦を作って製粉業者に10,000円で販売した。製粉業者は小麦を小麦粉に加工して16,000円でパン工場に販売した。パン工場はこの小麦粉を使用して焼いたパンを23,000円でパンの小売店に販売した。パンの小売店は，仕入れたパンを消費者に販売し，30,000円の売上高を得た。このときの経済全体の付加価値の合計として最も適当なものを，次の①～④の中から一つ選びなさい。なお，農家の小麦の生産に関する元手は0円とする。　11

① 10,000円
② 23,000円
③ 30,000円
④ 79,000円

問6　国際的な経済活動の例A～Cと，それらが該当する国際収支の項目との組み合わせとして最も適当なものを，下の①～④の中から一つ選びなさい。　12

A　日本のある企業が，子会社化するために，タイ（Thailand）のある企業の株式を購入した。
B　日本のある企業が，保有するアメリカ企業の株式から配当を得た。
C　日本政府が，ある発展途上国に対して，貸し付けの返済を免除した。

	A	B	C
①	金融収支	資本移転等収支	第一次所得収支
②	金融収支	第一次所得収支	資本移転等収支
③	第一次所得収支	金融収支	資本移転等収支
④	第一次所得収支	資本移転等収支	金融収支

問7 次の文章中の空欄 a , b に当てはまる語の組み合わせとして最も適当なものを，下の①〜④の中から一つ選びなさい。 **13**

a 体制ではドルと金の交換が保証され，ドルと他の国々の通貨の交換比率も固定されていた。しかし，対外軍事支出や国際援助などによりアメリカの国際収支が赤字に転じ，ドルへの信認が揺らぎ始めると，アメリカからの金の流出が続き，ドル不安が深刻化していった。

これを受けて，1971年，アメリカの b 大統領は，金とドルとの交換を停止し，10％の輸入課徴金の導入を発表した。これによって a 体制は崩壊した。

	a	b
①	スミソニアン	カーター
②	スミソニアン	ニクソン
③	ブレトンウッズ	カーター
④	ブレトンウッズ	ニクソン

注）スミソニアン（Smithsonian），ブレトンウッズ（Bretton Woods），カーター（Jimmy Carter），ニクソン（Richard Nixon）

問8 新自由主義に関する次の文章中の空欄 a 〜 c に当てはまる人名の組み合わせとして正しいものを，下の①〜④の中から一つ選びなさい。 **14**

1980年代に入ると，アメリカの a 政権，イギリスの b 政権が新自由主義の考え方に基づいて，規制緩和や国営企業の民営化，福祉支出の削減を行った。また，日本でも， c 内閣が三公社の民営化や規制緩和を行った。

	a	b	c
①	レーガン	サッチャー	中曽根康弘
②	レーガン	ブレア	小泉純一郎
③	クリントン	サッチャー	小泉純一郎
④	クリントン	ブレア	中曽根康弘

注）レーガン（Ronald Reagan），クリントン（Bill Clinton），サッチャー（Margaret Thatcher），ブレア（Tony Blair）

問9 地球環境問題に関する記述として最も適当なものを，次の①～④の中から一つ選びなさい。　15

① 1972年に開かれた国連人間環境会議での決議に基づき，同年，日本で地球温暖化対策税が導入された。
② 1992年に開かれた国連環境開発会議（地球サミット）では，「持続可能な開発」が共通理念とされた。
③ 2002年に開かれた環境・開発サミットにおいて，UNEP（国連環境計画）の設立が決議された。
④ 2012年に開かれた国連持続可能な開発会議において，名古屋議定書が採択された。

問10 日本の租税に関する記述として最も適当なものを，次の①～④の中から一つ選びなさい。　16

① 2000年度以降の一般会計予算において，租税収入が公債金収入を上回ったことはない。
② 所得税は，所得にかかわりなく，同率で課税される。
③ 法人税は国税，間接税に分類される。
④ 消費税は，所得の低い人ほど，所得に占める税負担の割合が高くなるという逆進性の特徴を持つと言われている。

問11　ドイツの経済学者リスト（Friedrich List）の主張の説明として最も適当なものを，次の①〜④の中から一つ選びなさい。　17

① 自由競争市場において各経済主体が自己の利益を追求すると，公共の利益も促進し，結果として社会の富の増大を実現すると主張した。
② 国際分業に基づく自由な貿易は，国家が貿易を管理するよりも，国家にとってより大きな利益を得ることができると説いた。
③ 政府の裁量的な財政政策，金融政策はとるべきではなく，貨幣供給量を経済成長率に合わせて一定に保つことが，物価の安定に寄与すると主張した。
④ 自由貿易は後発国に不利益を与える面があるため，後発国は自国の産業を育成するために，政府が輸入制限などの貿易上の制限を設けるべきと説いた。

問12　日本の高度経済成長期に関する記述として最も適当なものを，次の①〜④の中から一つ選びなさい。　18

① プラザ合意（Plaza Accord）後の急激な円高により，日本の輸出産業が発展した。
② 企業が株式や社債を発行して家計から資金を調達する，間接金融が盛んに行われた。
③ 安価で質の高い労働力が豊富に供給されたことが，高度経済成長の要因の一つとなった。
④ アメリカとの貿易摩擦が激化し，その解消のために日米構造協議や日米包括経済協議が開催された。

問13 次のグラフA〜Dは，アルプス・ヒマラヤ造山帯（Alpide belt）の付近に位置する，タイのバンコク（Bangkok），パキスタン（Pakistan）のカラチ（Karachi），トルコ（Turkey）のアンカラ（Ankara），スイスのチューリヒ（Zurich）の雨温図である。A〜Dに当てはまる都市の組み合わせとして正しいものを，下の①〜④の中から一つ選びなさい。　19

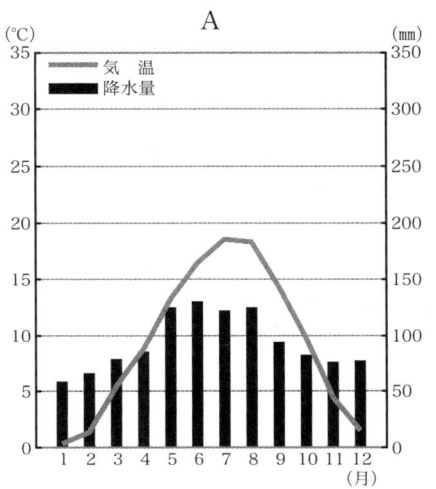
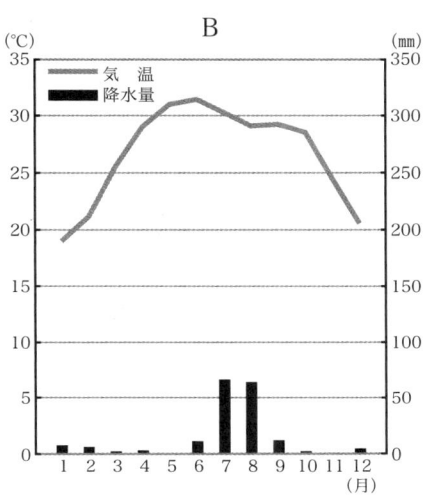
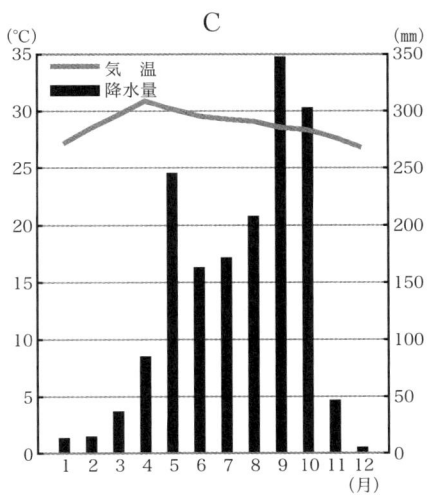
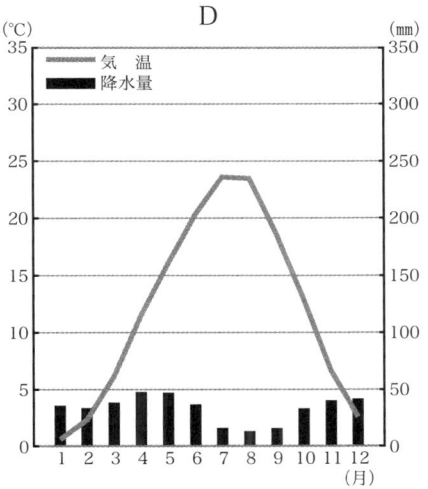

国立天文台『理科年表　平成29年』より作成

	A	B	C	D
①	チューリヒ	アンカラ	バンコク	カラチ
②	チューリヒ	カラチ	バンコク	アンカラ
③	カラチ	アンカラ	チューリヒ	バンコク
④	カラチ	チューリヒ	アンカラ	バンコク

問14 次の図は，年間の平均的な大気大循環の状況を示したものである。貿易風に当てはまるものとして最も適当なものを，図中の①〜④の中から一つ選びなさい。　**20**

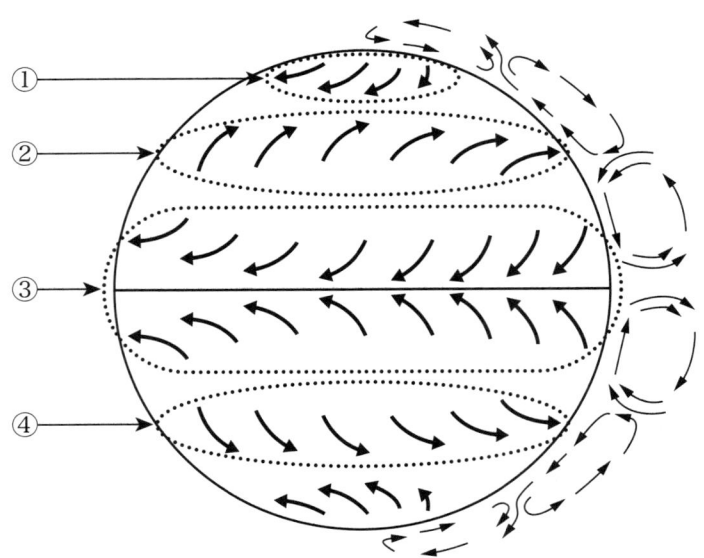

問15 地球儀に関する次の文章中の空欄 a , b に当てはまる語の組み合わせとして最も適当なものを，下の①〜④の中から一つ選びなさい。 21

　地球儀は，地球上の距離や方位・角度などを正確に表すことができる。地球儀は紀元前のギリシャ（Greece）においてすでに作られていたという記録があるが，現存する最古の地球儀は，1492年にドイツの a が作成したものと言われている。しかし，この地球儀には， b は描かれていなかった。

	a	b
①	コロンブス	アメリカ大陸
②	コロンブス	日本列島
③	ベハイム	アメリカ大陸
④	ベハイム	日本列島

注）コロンブス（Christopher Columbus），ベハイム（Martin Behaim），アメリカ大陸（the Americas）

問16 地中海（Mediterranean Sea）に面している国として**正しくないもの**を，次の①〜④の中から一つ選びなさい。 22

① イタリア（Italy）

② マルタ（Malta）

③ キプロス（Cyprus）

④ マケドニア（Macedonia）

問17 次の表は，2013年における，小麦，米，トウモロコシ，大豆の輸出量上位5か国を示したものと，それらの作物の日本の輸入量とその国別順位を示したものである。表A〜Dに当てはまる作物の組み合わせとして最も適当なものを，下の①〜④の中から一つ選びなさい。 **23**

A

	国名	輸出量（千t）
1位	アメリカ	33,198
2位	カナダ	19,808
3位	フランス	19,639
4位	オーストラリア	18,002
5位	ロシア	13,796

B

	国名	輸出量（千t）
1位	ブラジル	42,796
2位	アメリカ	39,176
3位	アルゼンチン	7,783
4位	パラグアイ	5,082
5位	ウルグアイ	3,524

C

	国名	輸出量（千t）
1位	インド	11,300
2位	タイ	6,788
3位	ベトナム	3,939
4位	パキスタン	3,822
5位	アメリカ	3,184

D

	国名	輸出量（千t）
1位	ブラジル	26,625
2位	アメリカ	24,178
3位	アルゼンチン	20,069
4位	ウクライナ	16,729
5位	フランス	6,278

日本の輸入量及び輸入量の国別順位

	輸入量（千t）	輸入量の国別順位
A	6,199	5位
B	2,762	6位
C	690	13位
D	14,401	1位

注）ロシア（Russia），ブラジル（Brazil），アルゼンチン（Argentina），パラグアイ（Paraguay），ウルグアイ（Uruguay），ベトナム（Viet Nam），ウクライナ（Ukraine）

矢野恒太記念会『世界国勢図会 2016/17年版』より作成

	A	B	C	D
①	小麦	大豆	米	トウモロコシ
②	小麦	米	トウモロコシ	大豆
③	トウモロコシ	小麦	米	大豆
④	トウモロコシ	米	大豆	小麦

問18 次の四つの日本地図は，年間水揚量25,000t以上の漁港の所在地，自動車工場の所在地，半導体工場の所在地，石油化学コンビナートの所在地を示したものである。自動車工場の所在地の地図として最も適当なものを，次の①〜④の中から一つ選びなさい。24

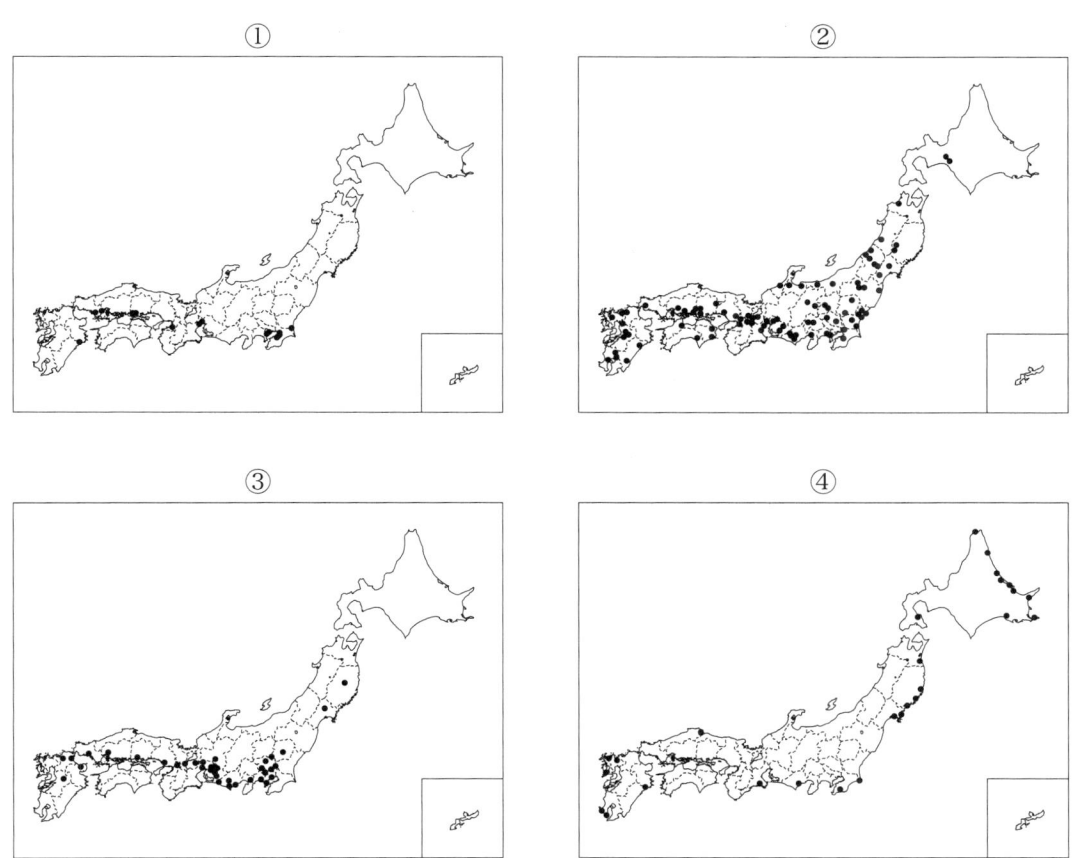

注）自動車工場は組立工場のみ，半導体工場は前工程を担う工場を示している。
年間水揚量25,000t以上の漁港の所在地は2013年，自動車工場の所在地，半導体工場の所在地は2015年，石油化学コンビナートの所在地は2014年のデータによる。
矢野恒太記念会『日本国勢図会　2016/17年版』より作成

問19 次の地形図において,最も海抜高度が低い地点として最も適当なものを,図中の①〜④の中から一つ選びなさい。 25

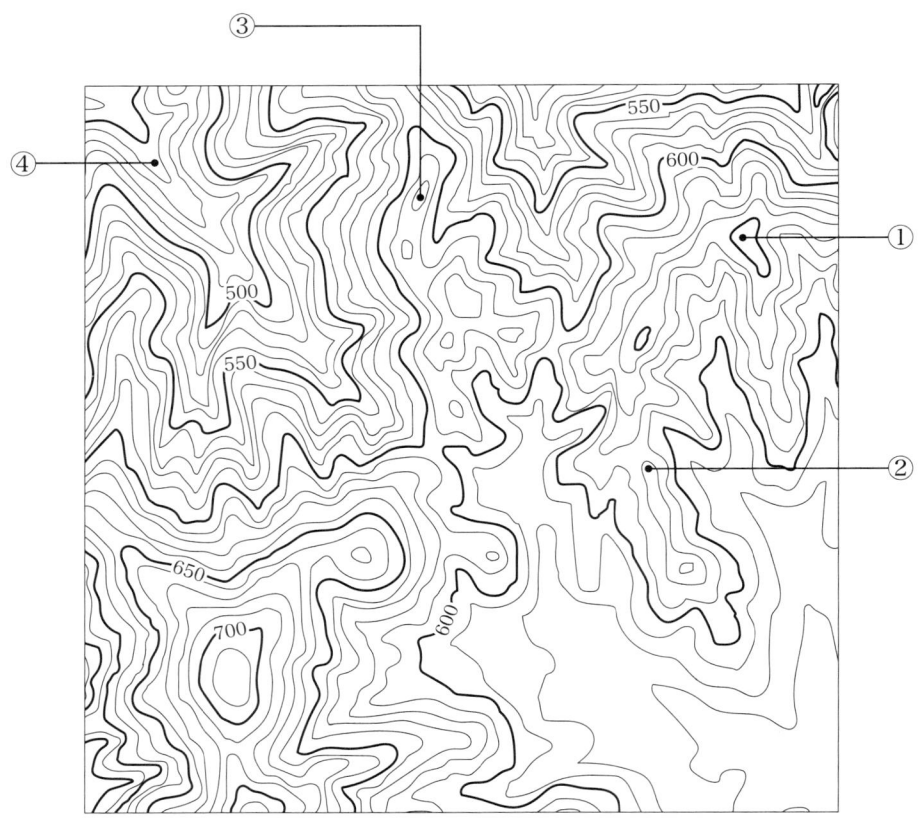

問20 日本において,官庁と業界団体などの間に立って利益調整を行う議員のことを何というか。最も適当なものを,次の①〜④の中から一つ選びなさい。 26

① 族議員
② 天下り
③ 圧力団体
④ 世襲議員

問21 行政国家化の一般的な特徴として最も適当なものを，次の①〜④の中から一つ選びなさい。 27

① 官庁の許認可権限が縮小する。
② 行政指導の機会が減少する。
③ 委任立法が増大する。
④ 国会議員の数が増加する。

問22 日本国憲法に規定されている国民の義務として最も適当なものを，次の①〜④の中から一つ選びなさい。 28

① 社会福祉を向上させる義務
② 選挙において投票する義務
③ 裁判員として刑事裁判に参加する義務
④ 保護する子女に普通教育を受けさせる義務

問23 日本国憲法で認められている社会権に含まれる権利として最も適当なものを，次の①〜④の中から一つ選びなさい。 29

① 良好な環境に居住する権利
② 自由に国籍を離脱する権利
③ 教育を受ける権利
④ 請願を国会に提出する権利

問24 日本の国会に関する記述として最も適当なものを，次の①～④の中から一つ選びなさい。 30

① 各議院が持つ国政調査権に基づき，最高裁判所の判決を変更したことがある。
② 条約締結の承認に関して衆議院と参議院で異なる議決になり，両院協議会でも意見が一致しなかった場合，衆議院の議決が国会の議決となる。
③ 予算の議決に関して衆議院と参議院で異なる議決になり，両院協議会でも意見が一致しなかった場合，もう一度衆議院で一定数以上の賛成で議決すれば，それが国会の議決となる。
④ 参議院は一定数以上の賛成があれば秘密会を開くことができるが，衆議院は秘密会を開くことはできない。

問25 日本の選挙制度に関する記述として最も適当なものを，次の①～④の中から一つ選びなさい。 31

① 内閣総理大臣以外の国務大臣は国民による直接選挙で選出され，内閣総理大臣により任命される。
② 公務員を選定し罷免することは国民固有の権利であることから，日本国民は選挙で選んだ国会議員を罷免する直接請求をすることができる。
③ 衆議院議員総選挙における選挙区選挙では，1選挙区から2人が選出される選挙区もある。
④ 参議院議員通常選挙における比例代表選挙では，非拘束名簿式を採用している。

問26　イギリスの政治制度に関する記述として最も適当なものを，次の①～④の中から一つ選びなさい。　32

① イギリスの上院の任期は5年，定員は650名である。
② イギリスの議会では，上院に対する下院の優位の原則が確立している。
③ イギリスの与党は，内閣改造に備えて「影の内閣」を組織している。
④ イギリスは二大政党制を採用しているが，2010年の下院選挙の結果，保守党と労働党の連立政権が誕生した。

問27　イギリスの産業革命期の出来事に関する記述として最も適当なものを，次の①～④の中から一つ選びなさい。　33

① 物理学者のファラデー（Michael Faraday）が，電磁誘導の法則を発見した。
② グーテンベルク（Johannes Gutenberg）が活版印刷術を改良したことにより，大量の書物が安価に供給されるようになった。
③ 産業革命によって工場制機械工業が従来の問屋制家内工業やマニュファクチュア（manufacture）に取って代わり，生産過程を直接担う産業資本が成立した。
④ チャーティスト運動（Chartism）と呼ばれる，職人・労働者による機械打ちこわし運動が起こった。

問28 19世紀後半のヨーロッパ（Europe）に関する記述として最も適当なものを，次の①〜④の中から一つ選びなさい。　34

① ロシア革命（Russian Revolution）により，ソヴィエト（soviet）政権が成立した。

② ドイツでは，ヴィルヘルム2世（Wilhelm Ⅱ）が「世界政策」と呼ばれる積極的な対外膨張政策をとった。

③ イギリスは，バルフォア（Balfour）宣言により，パレスチナ（Palestine）におけるユダヤ人（Jewish people）国家の建設を支持した。

④ フランスはイギリスと協商を結び，フランスがエジプト（Egypt）を支配することをイギリスに認めさせた。

問29 冷戦初期の情勢に関する記述として最も適当なものを，次の①〜④の中から一つ選びなさい。　35

① アメリカのトルーマン（Harry Truman）大統領は，ギリシャとトルコに対して軍事援助をすることにより，ソ連（USSR）の封じ込めを図った。

② アメリカのF.ローズヴェルト（Franklin Roosevelt）大統領は，ソ連がヨーロッパの東西を分断して「鉄のカーテン」を下ろしていると演説した。

③ ソ連や東欧諸国は，シューマン・プラン（Schuman Plan）と呼ばれるヨーロッパ経済復興援助計画の受け入れを拒否した。

④ 大西洋憲章（Atlantic Charter）に基づき，ドイツではアメリカ，ソ連，イギリス，フランス4か国による分割占領が実行された。

問30 東欧（Eastern Europe）諸国の民主化に関する次の文章中の空欄 a , b に当てはまる国の組み合わせとして正しいものを，下の①〜④の中から一つ選びなさい。

36

1980年代にソ連で生じた急激な変化に伴い，東欧諸国では民主化運動が進展した。 a では，ワレサ（Lech Walesa）が率いる自主管理労働組合である「連帯」が1989年に合法化され，総選挙で圧勝した。その1989年にはハンガリー（Hungary）やチェコスロバキア（Czechoslovakia）でも共産党による一党支配が崩れ，複数政党制への移行が決定された。さらに，東ドイツ（East Germany）では「ベルリン（Berlin）の壁」が開放され， b ではチャウシェスク（Nicolae Ceaușescu）大統領が反政府運動の高まりの中で処刑されるという事件が起こった。そして，1991年にソ連が崩壊した後，東欧諸国は民主化・資本主義化を進めた。

	a	b
①	ポーランド	ルーマニア
②	ポーランド	ブルガリア
③	ユーゴスラビア	ルーマニア
④	ユーゴスラビア	ブルガリア

注）ポーランド（Poland），ユーゴスラビア（Yugoslavia），ルーマニア（Romania），ブルガリア（Bulgaria）

問31 明治政府の1870年代の政策に関する記述として最も適当なものを，次の①〜④の中から一つ選びなさい。

37

① 岩倉使節団は，朝鮮（Korea）との間に日朝修好条規（Treaty of Ganghwa）を締結し，朝鮮を開国させた。
② 課税の基準を収穫高から地価に変え，地価の3％に当たる額の地租を，土地所有者にお金で納めさせた。
③ 日本の中央銀行として日本銀行を設立し，金本位制を採用した。
④ 政府の政策は自由民権運動に左右されてはならないという，超然主義の立場をとった。

問32 第一次世界大戦後の日本の状況に関する記述として最も適当なものを，次の①〜④の中から一つ選びなさい。 38

① 日本，アメリカ，イギリス，フランス，イタリアは，ワシントン会議（Washington Conference）において，主力艦の保有トン数と保有比率を定めた条約などを締結した。

② 国際紛争解決の手段として武力に訴えないことを誓う不戦条約（Kellogg-Briand Pact）が採択されたが，日本は批准しなかった。

③ 朝鮮戦争（Korean War）が勃発すると，造船業や海運業に対する需要が高まったことから好況となり，日本では「船成金」が多く生まれた。

④ ロンドン（London）で軍縮会議が開かれたが，日本は軍艦建造量の制限に反対し，条約が結ばれることはなかった。

解 答

第1回　正解・解答記入表

★ 難易度は3段階で示しており，星が多いほど難しい問題であることを表している。
★ 分野は，行知学園総合科目教研組が，分析に基づき独自に定めたものである。

問	問題番号	解答記入欄	正解	分野	難易度
問1	1		③	経済	★
	2		①	地理	★★
	3		③	地理	★★
	4		④	経済	★★
問2	5		④	経済	★
	6		①	経済	★★
	7		④	歴史	★★
	8		③	政治	★
問3	9		③	経済	★
問4	10		④	経済	★★
問5	11		③	経済	★
問6	12		②	経済	★
問7	13		②	経済	★
問8	14		③	経済	★
問9	15		④	経済	★
問10	16		②	経済	★★
問11	17		④	経済	★
問12	18		②	地理	★★
問13	19		②	地理	★★
問14	20		①	地理	★★★

問	問題番号	解答記入欄	正解	分野	難易度
問15	21		③	地理	★★
問16	22		③	地理	★★
問17	23		③	地理	★★
問18	24		①	地理	★★★
問19	25		①	政治	★
問20	26		④	政治	★★
問21	27		③	政治	★
問22	28		④	政治	★
問23	29		④	政治	★★
問24	30		②	政治	★★
問25	31		①	政治	★★
問26	32		②	その他	★★★
問27	33		③	歴史	★
問28	34		④	歴史	★★
問29	35		②	歴史	★★★
問30	36		①	歴史	★
	37		③	歴史	★★
問31	38		④	歴史	★★

第 2 回　正解・解答記入表

★ 難易度は3段階で示しており、星が多いほど難しい問題であることを表している。
★ 分野は、行知学園総合科目教研組が、分析に基づき独自に定めたものである。

問	問題番号	解答記入欄	正解	分野	難易度
問1	1		③	地理	★★★
問1	2		④	地理	★★
問1	3		②	地理	★★
問1	4		①	経済	★
問2	5		④	歴史	★★
問2	6		④	地理	★★★
問2	7		②	政治	★
問2	8		②	経済	★★
問3	9		②	経済	★
問4	10		①	経済	★
問5	11		③	経済	★★★
問6	12		④	経済	★★
問7	13		①	経済	★★★
問8	14		③	経済	★★
問9	15		①	経済	★★
問10	16		②	経済	★
問11	17		①	経済	★★
問12	18		④	経済	★★
問13	19		③	地理	★
問14	20		①	地理	★★★
問15	21		④	地理	★
問16	22		①	地理	★
問17	23		②	地理	★★
問18	24		④	地理	★★
問19	25		④	地理	★★
問20	26		①	政治	★★★
問21	27		②	政治	★★
問22	28		①	政治	★
問23	29		①	政治	★
問24	30		④	政治	★★★
問25	31		④	政治	★
問25	32		③	政治	★★
問26	33		①	経済	★★★
問27	34		④	歴史	★★
問28	35		④	歴史	★
問29	36		②	歴史	★★
問30	37		③	歴史	★
問31	38		④	歴史	★★

第3回　正解・解答記入表

★ 難易度は3段階で示しており、星が多いほど難しい問題であることを表している。
★ 分野は、行知学園総合科目教研組が、分析に基づき独自に定めたものである。

問	問題番号	解答記入欄	正解	分野	難易度
問1	1		②	地理	★★
	2		④	地理	★★★
	3		③	地理	★
	4		③	政治	★★★
問2	5		①	政治	★
	6		②	政治	★★
	7		④	経済	★★
	8		④	政治	★★★
問3	9		②	経済	★
問4	10		③	経済	★
問5	11		④	経済	★★
問6	12		①	経済	★★
問7	13		①	経済	★★
問8	14		③	経済	★★★
問9	15		②	経済	★★
問10	16		③	経済	★★
問11	17		④	経済	★
問12	18		③	経済	★★★
問13	19		④	経済	★
問14	20		④	地理	★★

問	問題番号	解答記入欄	正解	分野	難易度
問15	21		①	地理	★★
問16	22		②	地理	★★★
	23		②	地理	★★
問17	24		②	地理	★
問18	25		③	地理	★★
問19	26		②	地理	★★
問20	27		④	政治	★
問21	28		④	政治	★
問22	29		①	政治	★
問23	30		④	政治	★
問24	31		②	政治	★★★
問25	32		②	歴史	★★
問26	33		③	歴史	★★
問27	34		②	歴史	★★
問28	35		④	歴史	★★
問29	36		③	歴史	★
問30	37		①	歴史	★★
問31	38		④	歴史	★★★

第4回　正解・解答記入表

★ 難易度は3段階で示しており，星が多いほど難しい問題であることを表している。
★ 分野は，行知学園総合科目教研組が，分析に基づき独自に定めたものである。

問	問題番号	解答記入欄	正解	分野	難易度
問1	1		①	地理	★★
	2		②	政治	★
	3		③	地理	★★
	4		④	歴史	★
問2	5		③	地理	★★★
	6		③	歴史	★★
	7		④	地理	★★
	8		③	政治	★★
問3	9		②	経済	★
問4	10		④	経済	★
問5	11		③	経済	★
問6	12		①	経済	★
問7	13		①	経済	★★
問8	14		②	経済	★★
問9	15		②	経済	★★★
問10	16		②	経済	★★
問11	17		④	経済	★★★
問12	18		④	経済	★★★
問13	19		③	経済	★★
問14	20		④	経済	★★

問	問題番号	解答記入欄	正解	分野	難易度
問15	21		③	地理	★★
問16	22		③	地理	★★
問17	23		②	地理	★★★
問18	24		②	地理	★★
問19	25		①	地理	★★★
問20	26		①	その他	★★★
問21	27		②	政治	★
問22	28		④	政治	★
問23	29		③	政治	★★
問24	30		④	政治	★★
問25	31		①	政治	★★★
	32		③	政治	★★
問26	33		②	政治	★★
問27	34		③	歴史	★★
問28	35		④	歴史	★★
問29	36		①	歴史	★
問30	37		③	歴史	★★
問31	38		①	歴史	★★

第5回 正解・解答記入表

★ 難易度は3段階で示しており、星が多いほど難しい問題であることを表している。
★ 分野は、行知学園総合科目教研組が、分析に基づき独自に定めたものである。

問	問題番号	解答記入欄	正解	分野	難易度
問1	1		②	地理	★
	2		①	経済	★★★
	3		②	経済	★★
	4		③	歴史	★★
問2	5		①	地理	★★★
	6		④	歴史	★
	7		③	経済	★★★
	8		②	地理	★
問3	9		③	経済	★★★
問4	10		③	経済	★★
問5	11		③	経済	★★
問6	12		④	経済	★
問7	13		①	経済	★
	14		④	経済	★★
問8	15		①	経済	★★
問9	16		②	経済	★★★
問10	17		②	経済	★★★
問11	18		③	地理	★★★
問12	19		①	地理	★★
問13	20		④	地理	★★

問	問題番号	解答記入欄	正解	分野	難易度
問14	21		④	地理	★★
問15	22		④	地理	★
問16	23		③	地理	★★★
問17	24		③	地理	★★
問18	25		③	政治	★
問19	26		④	政治	★★
問20	27		①	政治	★
問21	28		①	政治	★★
問22	29		②	政治	★★★
問23	30		②	政治	★★
問24	31		③	政治	★★
問25	32		④	政治	★★
問26	33		②	政治	★★
問27	34		③	歴史	★★
問28	35		②	歴史	★★★
問29	36		③	歴史	★★
問30	37		③	歴史	★★
問31	38		③	歴史	★

第 ❻ 回　　　正 解・解 答 記 入 表

★ 難易度は3段階で示しており，星が多いほど難しい問題であることを表している。
★ 分野は，行知学園総合科目教研組が，分析に基づき独自に定めたものである。

問	問題番号	解答記入欄	正解	分野	難易度	問	問題番号	解答記入欄	正解	分野	難易度
問1	1		①	政治	★★	問14	21		②	経済	★★
	2		③	政治	★★★	問15	22		②	地理	★★★
	3		③	歴史	★★	問16	23		③	地理	★★
	4		④	政治	★★	問17	24		①	地理	★★★
問2	5		①	歴史	★★	問18	25		④	地理	★★
	6		③	政治	★★	問19	26		②	地理	★★
	7		①	歴史	★★★	問20	27		①	地理	★★
	8		①	地理	★★★	問21	28		④	地理	★
問3	9		④	経済	★	問22	29		②	地理	★★
問4	10		③	経済	★	問23	30		①	地理	★★
問5	11		③	経済	★★	問24	31		③	政治	★
問6	12		②	経済	★★	問25	32		③	政治	★★★
問7	13		②	経済	★	問26	33		②	政治	★★
問8	14		③	政治	★	問27	34		④	政治	★★
	15		①	経済	★★	問28	35		①	歴史	★★★
問9	16		①	経済	★★★	問29	36		④	歴史	★★★
問10	17		②	経済	★★	問30	37		①	歴史	★★
問11	18		③	経済	★★	問31	38		④	歴史	★
問12	19		④	経済	★★						
問13	20		④	経済	★★★						

第 7 回　正解・解答記入表

★ 難易度は3段階で示しており，星が多いほど難しい問題であることを表している。
★ 分野は，行知学園総合科目教研組が，分析に基づき独自に定めたものである。

問	問題番号	解答記入欄	正解	分野	難易度
問1	1		②	歴史	★
問1	2		①	歴史	★★
問1	3		②	政治	★★★
問1	4		①	経済	★★
問2	5		②	歴史	★★
問2	6		④	政治	★
問2	7		③	地理	★★
問2	8		②	経済	★★
問3	9		④	経済	★
問4	10		①	経済	★
問5	11		④	経済	★
問6	12		①	経済	★★
問7	13		③	経済	★★
問8	14		③	経済	★★★
問9	15		④	経済	★★★
問9	16		④	経済	★★
問9	17		②	経済	★★
問10	18		②	経済	★
問11	19		③	地理	★★
問12	20		①	地理	★★★

問	問題番号	解答記入欄	正解	分野	難易度
問13	21		③	地理	★★
問14	22		①	地理	★★★
問15	23		②	地理	★★★
問16	24		②	地理	★
問17	25		①	地理	★★
問18	26		④	地理	★★
問19	27		①	政治	★
問20	28		④	政治	★
問21	29		①	政治	★★
問22	30		③	政治	★★★
問23	31		④	政治	★★★
問24	32		②	政治	★
問25	33		③	歴史	★★
問26	34		①	歴史	★★
問27	35		②	歴史	★★
問28	36		④	歴史	★★
問29	37		①	歴史	★
問30	38		②	歴史	★★★

第 8 回　正解・解答記入表

★ 難易度は 3 段階で示しており，星が多いほど難しい問題であることを表している。
★ 分野は，行知学園総合科目教研組が，分析に基づき独自に定めたものである。

問	問題番号	解答記入欄	正解	分野	難易度
問1	1		①	歴史	★
	2		③	政治	★★★
	3		②	経済	★
	4		③	歴史	★★
問2	5		①	地理	★
	6		④	地理	★★
	7		②	地理	★★
	8		④	経済	★★
問3	9		③	経済	★★★
問4	10		②	経済	★
問5	11		④	経済	★★
問6	12		②	その他	★★★
問7	13		④	経済	★★★
問8	14		③	経済	★★
問9	15		②	経済	★★
問10	16		③	経済	★
問11	17		①	経済	★★
問12	18		①	経済	★★★
問13	19		④	経済	★★★
問14	20		④	地理	★

問	問題番号	解答記入欄	正解	分野	難易度
問15	21		③	地理	★★
問16	22		④	地理	★★
	23		②	地理	★
問17	24		②	地理	★★
問18	25		①	地理	★★★
問19	26		①	地理	★★
問20	27		③	地理	★★★
問21	28		①	政治	★★
問22	29		①	政治	★
問23	30		④	政治	★★★
問24	31		①	政治	★
問25	32		④	政治	★★
問26	33		②	政治	★★★
問27	34		④	歴史	★★★
問28	35		③	歴史	★★
問29	36		④	歴史	★★★
問30	37		①	歴史	★★
問31	38		③	歴史	★★

第9回　正解・解答記入表

★ 難易度は3段階で示しており，星が多いほど難しい問題であることを表している。
★ 分野は，行知学園総合科目教研組が，分析に基づき独自に定めたものである。

問	問題番号	解答記入欄	正解	分野	難易度
問1	1		④	地理	★★
	2		①	経済	★★
	3		②	歴史	★★
	4		②	政治	★★
問2	5		③	政治	★★★
	6		①	歴史	★★★
	7		④	地理	★★
	8		③	経済	★
問3	9		②	経済	★★
問4	10		②	経済	★
問5	11		④	経済	★★
問6	12		①	経済	★★
問7	13		④	経済	★★
問8	14		②	経済	★
問9	15		③	経済	★★★
問10	16		③	経済	★★★
問11	17		②	経済	★
問12	18		①	経済	★★
問13	19		②	経済	★★
問14	20		②	地理	★★

問	問題番号	解答記入欄	正解	分野	難易度
問15	21		①	地理	★★
問16	22		③	地理	★★
問17	23		①	地理	★
	24		④	地理	★★★
問18	25		④	地理	★★
問19	26		②	地理	★★★
問20	27		④	地理	★★
問21	28		①	地理	★★
問22	29		②	政治	★★
問23	30		④	政治	★★
問24	31		②	政治	★★
問25	32		①	政治	★★
問26	33		①	政治	★★★
問27	34		①	歴史	★★
問28	35		④	歴史	★★
問29	36		④	歴史	★
問30	37		③	歴史	★★
問31	38		②	歴史	★★★

第❿回　正解・解答記入表

★ 難易度は3段階で示しており，星が多いほど難しい問題であることを表している。
★ 分野は，行知学園総合科目教研組が，分析に基づき独自に定めたものである。

問	問題番号	解答記入欄	正解	分野	難易度
問1	1		③	歴史	★
	2		①	経済	★★
	3		②	政治	★★
	4		④	地理	★★
問2	5		④	歴史	★★★
	6		①	地理	★★
	7		②	地理	★★
	8		③	経済	★
問3	9		②	経済	★★★
問4	10		④	経済	★★★
問5	11		③	経済	★★★
問6	12		②	経済	★★
問7	13		④	経済	★
問8	14		①	経済	★
問9	15		②	経済	★★
問10	16		④	経済	★
問11	17		④	経済	★
問12	18		③	経済	★★
問13	19		②	地理	★★★
問14	20		③	地理	★★

問	問題番号	解答記入欄	正解	分野	難易度
問15	21		③	地理	★★
問16	22		④	地理	★★
問17	23		①	地理	★★
問18	24		③	地理	★
問19	25		④	地理	★★★
問20	26		①	政治	★★
問21	27		③	政治	★★
問22	28		④	政治	★★
問23	29		③	政治	★
問24	30		②	政治	★★
問25	31		④	政治	★★
問26	32		②	政治	★
問27	33		③	歴史	★★
問28	34		②	歴史	★★
問29	35		①	歴史	★
問30	36		①	歴史	★★
問31	37		②	歴史	★★★
問32	38		①	歴史	★★★

付　録

自己分析シート

それぞれの模擬試験の正解数を,「正解・解答記入表」(p.242〜251)に記載された「分野」にしたがって記入しましょう。

回	正解数						ランク
	経済	地理	政治	歴史	その他	合計	
第1回	/13	/9	/8	/7	/1	/38	
第2回	/13	/11	/8	/6		/38	
第3回	/12	/10	/9	/7		/38	
第4回	/12	/9	/9	/7	/1	/38	
第5回	/12	/10	/9	/7		/38	
第6回	/12	/10	/9	/7		/38	
第7回	/12	/9	/8	/9		/38	
第8回	/12	/11	/7	/7	/1	/38	
第9回	/13	/11	/7	/7		/38	
第10回	/12	/10	/8	/8		/38	

ランクの付け方

Sランク
正解数が
36問以上

Aランク
正解数が
30問以上

B ランク…正解数が **25問以上**

C ランク…正解数が **20問以上**

D ランク…正解数が **19問以下**

学習達成表

「自己分析シート」(p.254) に記入した合計正解数を下の表に転記し，学習の達成度，成長度をグラフで把握しましょう。

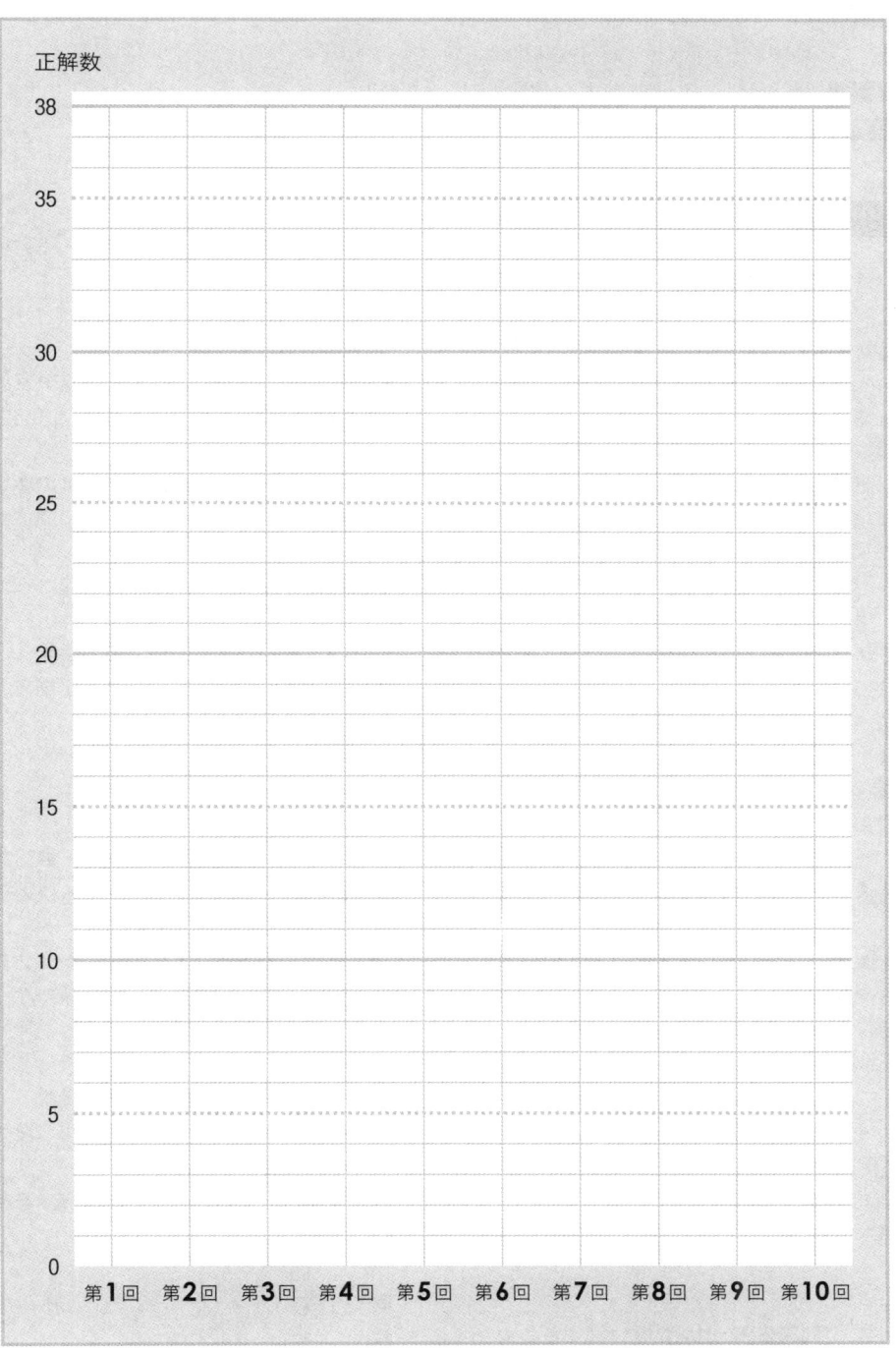

出題意図と関連事項

出題意図 この問題を作成した意図
関連事項 この問題を解いた後に，さらに学習すべき事項
参考 地図などの問題での，各選択肢が指しているもの
☑頻出 「総合科目」で過去何度も出題されている事項
！要注意 「総合科目」で出題歴があり，今後も出題が予想される事項

第1回

問1(1) 1 EU（欧州連合）またはその前身の組織
出題意図 ECSC（欧州石炭鉄鋼共同体），EEC（欧州経済共同体），マーストリヒト条約，ユーロに関する知識を確認する。
関連事項 ユーロを採用していないEU加盟国，リスボン条約の内容，NAFTA（北米自由貿易協定），ASEAN（東南アジア諸国連合），MERCOSUR（南米南部共同市場）

問1(2) 2 ジブラルタルの位置
出題意図 ジブラルタルの地図上の位置の知識を確認する。
参考 ②：セントヘレナ，③：ケイマン諸島，④：フォークランド諸島
関連事項 イギリスの海外領土の名前とその地図上の位置

問1(3) 3 アメリカに移住している人（2015年）
出題意図 アメリカにどのような民族が居住しているかを確認する。
関連事項 多文化理解に関する用語（多文化主義，文化相対主義）の意味

問1(4) 4 2000年以降にEUに加盟した国
出題意図 EUの東方拡大について理解しているかを確認する。
関連事項 トルコで多くの人が信仰している宗教

問2(1) 5 ！要注意 環境保護に関する条約
出題意図 ラムサール条約，モントリオール議定書，ワシントン条約，バーゼル条約の内容を理解しているかを確認する。
関連事項 気候変動枠組み条約・生物多様性条約の採択年，内容

問2(2) 6 京都議定書
出題意図 京都議定書に関する事項を確認する。
関連事項 2015年に採択されたパリ協定の内容

問2(3) 7 ☑頻出 イギリスの産業革命
出題意図 イギリスの産業革命に関する事項を確認する。
関連事項 他の国で産業革命が起こった時期

問2(4) 8 日本の条約締結の手続き
出題意図 内閣の職務（権限）を覚えているかを確認する。
関連事項 日本国憲法73条に列挙されている内閣の職務

問3 9 ☑頻出 需要曲線・供給曲線
出題意図 供給曲線がシフトする要因を理解できているかを確認する。
関連事項 需要曲線・供給曲線がシフトする要因，超過供給，超過需要，価格弾力性，労働市場

問4 10 ☑頻出 比較生産費説
出題意図 比較優位や特化の意味を理解できているかを確認する。
関連事項 リカードの主張の内容，著書，活躍した年代

問5 11 「イノベーション」と呼んだ経済学者
出題意図 シュンペーターの主張を理解しているかを確認する。

関連事項 アダム・スミス，マルクス，ケインズ，フリードマンの主張の内容，主著，活躍した年代

問6 12 !要注意 インフレーションとデフレーションの影響
出題意図 インフレーションやデフレーションが引き起こす影響を理解しているかを確認する。
関連事項 インフレーションが起こる要因

問7 13 ✓頻出 日本銀行の金融政策
出題意図 日本銀行のかつての三大金融政策（公定歩合操作，預金準備率操作，公開市場操作）を理解しているかを確認する。
関連事項 1990年代以降の日本銀行の金融政策（ゼロ金利政策，量的緩和政策）

問8 14 !要注意 円の対ドル為替レートの推移
出題意図 日本の戦後史のうち，第1次石油危機，プラザ合意，アジア通貨危機，リーマン・ショックなど，経済に関する出来事を覚えているかを確認する。
関連事項 ニクソン・ショック，第1次石油危機の内容

問9 15 カルテル
出題意図 独占の形態に関する知識を確認する。
関連事項 持株会社，独占禁止法，公正取引委員会

問10 16 為替レート
出題意図 為替レートの変動をもとにした計算問題が解けるかを確認する。
関連事項 円高・円安の意味

問11 17 !要注意 世界の社会保障制度の歴史
出題意図 救貧法（エリザベス救貧法），ビスマルク，社会保障法，ベバリッジ報告についての知識を確認する。
関連事項 日本の現在の社会保障制度の概要

問12 18 オリーブ油，パーム油，大豆油，なたね油の生産量上位5か国（2013年）
出題意図 気候区と作物の関係を理解しているかを確認する。
参考 A：パーム油，C：なたね油，D：大豆油
関連事項 地中海性気候の特徴，オリーブ油の生産量上位3か国

問13 19 ✓頻出 ロサンゼルスと日本の時差
出題意図 時差の計算方法が身についているかを確認する。
関連事項 ロサンゼルスの地図上の位置，日本の標準時子午線

問14 20 北極圏に領土を持つ国
出題意図 世界地図をくまなく把握しているかを確認する。
関連事項 北極圏，南極圏の範囲

問15 21 正距方位図法
出題意図 正距方位図法における位置，距離の把握ができているかを確認する。
関連事項 メルカトル図法の特徴

問16 22 !要注意 水力発電，風力発電，地熱発電の発電量が多い上位5か国（2013年）
出題意図 新エネルギーの発電量の多い国についての知識を確認する。
関連事項 太陽光発電，原子力発電の発電量が多い国

問17 23 !要注意 日付変更線
出題意図 日付変更線の位置，変遷，日付の変更方法，マゼラン一行がどちらから日付変更線を越えたか，についての知識を確認する。
関連事項 日付変更線の周辺の国の位置

問18 24 !要注意 産業用ロボットの稼働台数の上位5か国（2014年末）
出題意図 日本の技術力を示すロボットの市場についての知識を確認する。また，この市場で中国が急速にシェアを伸ばしていることを把握しているかを確認する。
関連事項 技術貿易の黒字国

問19 25 ✓頻出 法の支配
出題意図 法の支配，法治主義についての知識

を確認する。
関連事項 イギリスの政治制度

問20 26 基本的人権の公共の福祉による制約の具体例
出題意図 日本国憲法は，基本的人権を侵すことのできない永久の権利としているが，公共の福祉により制約される例があることを確認する。
関連事項 日本国憲法で定められた基本的人権と義務の種類

問21 27 諸外国の政治制度
出題意図 イギリス，フランス，アメリカ，ロシアの政治制度を理解しているかを確認する。
関連事項 日本の政治制度（国会，内閣，裁判所，地方自治）

問22 28 !要注意 議院内閣制
出題意図 議院内閣制の特徴を確認する。
関連事項 日本における議院内閣制を示す制度

問23 29 ✓頻出 選挙制度
出題意図 大選挙区制，小選挙区制，比例代表制の特徴を確認する。
関連事項 主な国における大統領や国会議員の選挙制度

問24 30 集団安全保障
出題意図 集団安全保障の定義を確認する。
関連事項 勢力均衡，集団的自衛権，個別的自衛権

問25 31 冷戦期の出来事
出題意図 「鉄のカーテン」演説，ベルリン封鎖，コミンフォルム，NATO（北大西洋条約機構）とワルシャワ条約機構についての知識を確認する。
関連事項 雪解け，キューバ危機，デタント，新冷戦，ゴルバチョフ，マルタ会談

問26 32 !要注意 インフォームド・コンセント
出題意図 生命倫理に関する用語のうち，インフォームド・コンセントの意味を確認する。
関連事項 他の生命倫理に関する用語（自己決定権，臓器移植法など）の意味や内容

問27 33 ✓頻出 ウィーン体制
出題意図 ウィーン会議により作られた国際秩序である，ウィーン体制についての知識を確認する。
関連事項 ウィーン体制の動揺，崩壊

問28 34 !要注意 19世紀におけるアフリカの植民地化
出題意図 アフリカの植民地化に関する知識を確認する。
関連事項 東南アジア地域やオセアニア地域の植民地化，ラテンアメリカ諸国の独立

問29 35 第一次世界大戦と各国の関わり
出題意図 第一次世界大戦に際しての，主な国の動向についての知識を確認する。
関連事項 第一次世界大戦勃発前の国際情勢，ヴェルサイユ体制

問30(1) 36 1880年代の日本の最大輸出品目
出題意図 第二次世界大戦以前，生糸が日本の最大輸出品目であったという知識を確認する。
関連事項 江戸時代末期の貿易の状況，高度経済成長期以降の日本の国際収支の変化

問30(2) 37 1880年代における生糸の最大輸出国
出題意図 1880年代の日本だけでなく，全世界の情勢を把握できているかを確認する。
関連事項 現在の日本の最大の輸出相手国，最大の輸入相手国

問31 38 明治時代の日本に関する出来事
出題意図 日本が明治時代に，どのように近代化を進めたかを把握できているかを確認する。
関連事項 明治・大正・昭和（太平洋戦争勃発まで）の日本の歴史の把握

第 2 回

問 1(1) ☐1 北陸新幹線の路線
出題意図▶「北陸」が日本のどの辺りかを知っているかを確認する。
参考 ①：東京－新青森，②：東京－新潟，④：東京－鹿児島中央
関連事項▶ 他の新幹線の駅が所在する都市

問 1(2) ☐2 金沢の雨温図
出題意図▶ 雨温図の読み取り方を確認する。また，日本の主な地域の降水量や気温の違いを把握する。
参考 ①：札幌，②：高松，③：宮崎
関連事項▶ ケッペンの気候区分による各気候区の雨温図とハイサーグラフの特徴

問 1(3) ☐3 日本列島の植生
出題意図▶ 植生と気候の関係を理解しているかを確認する。
関連事項▶ 土壌の種類（テラローシャ，レグール，テラロッサなど）

問 1(4) ☐4 ✓頻出 株式会社
出題意図▶ 有限責任社員，一株一票原則，最高意思決定機関など，株式会社の特徴を確認する。
関連事項▶ 株式会社の資金調達方法

問 2(1) ☐5 !要注意 海峡植民地
出題意図▶ 東南アジア地域の植民地化の知識を確認する。
関連事項▶ アフリカやオセアニア地域の植民地化，ラテンアメリカ諸国の独立

問 2(2) ☐6 プランテーション
出題意図▶ 東南アジア諸国のプランテーションについての知識を確認する。
関連事項▶ 主な東南アジア諸国の農産物，ASEAN

問 2(3) ☐7 開発独裁
出題意図▶ 第二次世界大戦後の東アジア・東南アジア諸国やラテンアメリカ諸国の政治体制についての知識を確認する。
関連事項▶ 議院内閣制，大統領制の特徴

問 2(4) ☐8 一人当たりGNI（国民総所得）が1,025ドル以下の低所得国
出題意図▶ LDC（後発発展途上国）についての知識を確認する。
関連事項▶ 南北問題，南南問題，ハンガーマップ，SDGs（持続可能な開発目標）

問 3 ☐9 ✓頻出 景気循環
出題意図▶ コンドラチェフの波，ジュグラーの波，キチンの波，クズネッツの波の特徴を確認する。
関連事項▶ 経済成長率，消費者物価，企業物価，インフレーション，デフレーション

問 4 ☐10 !要注意 公共財
出題意図▶ 公共財の定義を確認する。
関連事項▶ 市場の失敗（寡占・独占，外部性，情報の非対称性）

問 5 ☐11 購買力平価説
出題意図▶ 購買力平価の考え方を理解しているかを確認する。
関連事項▶ 為替レート，固定相場制と変動相場制，金本位制と管理通貨制度

問 6 ☐12 !要注意 累進課税制度
出題意図▶ 累進課税制度の特徴と，所得税で累進課税制度が採用されていることを確認する。
関連事項▶ 法人税，消費税，直接税・間接税

問 7 ☐13 コースの定理
出題意図▶ 外部不経済を深く理解しているかを確認する。
関連事項▶ 日本の公害事件，公害対策基本法，環境基本法

問 8 ☐14 !要注意 国際収支
出題意図▶ 2014年に改定された国際収支の項目を理解しているかを確認する。
関連事項▶ 日本の国際収支の特徴

問 9 ☐15 !要注意 国債
出題意図▶ 国債を大量に発行することによる影響を理解しているかを確認する。
関連事項▶ 日本の財政（財政の役割，主な歳出項目）

問10 [16] ✓頻出 経済学者
出題意図 ケインズ,アダム・スミス,フリードマン,マルクスの主張を理解しているかを確認する。
関連事項 ケインズ,アダム・スミス,フリードマン,マルクスの主著

問11 [17] 通貨制度
出題意図 金本位制と管理通貨制度の特徴,歴史に関する知識を確認する。
関連事項 通貨の機能,世界恐慌,ブロック経済

問12 [18] 為替相場に関する協定や合意
出題意図 スミソニアン協定,キングストン合意,プラザ合意,ルーブル合意の歴史的背景を確認する。
関連事項 スミソニアン協定,キングストン合意,プラザ合意,ルーブル合意の内容

問13 [19] !要注意 エネルギー資源の可採年数(2015年)
出題意図 石炭,石油,天然ガス,ウランの可採年数の知識を確認する。
関連事項 石炭,石油,天然ガス,ウランの主な産出国

問14 [20] 湖沼国境
出題意図 自然的国境についての知識を確認する。
関連事項 他の自然的国境(山脈・河川・砂漠・海峡)とその例

問15 [21] 陸半球と水半球
出題意図 陸半球と水半球についての知識を確認する。
関連事項 地球儀,対蹠点,時差

問16 [22] ✓頻出 メルカトル図法
出題意図 メルカトル図法についての知識を確認する。
関連事項 緯度,経度,正距方位図法などさまざまな図法

問17 [23] !要注意 回帰線
出題意図 回帰線についての知識を確認する。
関連事項 赤道が通過している国

問18 [24] !要注意 人口比率の地域比較(1960年と2016年)
出題意図 人口に関する問題に幅広く対応できるかを確認する。
関連事項 人口上位国,合計特殊出生率,都市問題

問19 [25] 日本のプレートと平野の特徴
出題意図 日本のプレートの特徴,日本の小地形の特徴に関する知識を確認する。
関連事項 プレートの境界,大地形,小地形

問20 [26] 議院内閣制と大統領制
出題意図 議院内閣制と大統領制に関する応用問題に対応できるかを確認する。
関連事項 イギリスの政治制度,アメリカの政治制度

問21 [27] ✓頻出 違憲立法審査権
出題意図 日本の違憲立法審査制度についての知識を確認する。
関連事項 日本の司法制度(司法権の独立,最高裁判所と下級裁判所)

問22 [28] !要注意 モンテスキューの著書
出題意図 主な学者の主著を知っているかを確認する。
参考 ②:ボーダン,③:ヘーゲル,④:ベンサムの著書
関連事項 ホッブズ,ロック,ルソーの主著とその趣旨

問23 [29] ✓頻出 基本的人権
出題意図 日本国憲法が保障する基本的人権について,幅広い知識を持っているかを確認する。
関連事項 新しい人権,大日本帝国憲法での人権

問24 [30] 政党の定義
出題意図 政党を定義した学者についての知識を確認する。
関連事項 日本の政党の歴史,現在の日本の主な政党,選挙制度

問25(1) **31** ☑頻出 国際連盟
出題意図▶国際連盟についての知識を確認する。
関連事項▶国際連合の成立過程,国際連合の主要機関

問25(2) **32** ☑頻出 国際連合
出題意図▶国際連合についての知識を確認する。
関連事項▶PKO（平和維持活動）,第二次世界大戦後の国際情勢

問26 **33** ⚠要注意 日本の高度経済成長期における出来事
出題意図▶日本の高度経済成長期に関する知識を確認する。
関連事項▶第二次世界大戦後の日本の歴史（政治・経済）

問27 **34** ☑頻出 フランス革命
出題意図▶フランス革命が起こった要因と革命の流れを理解できているかを確認する。
関連事項▶イギリスの革命,アメリカ独立革命,ナポレオン

問28 **35** ⚠要注意 ビスマルク
出題意図▶ビスマルクの政策についての知識を確認する。
関連事項▶ドイツの統一,イタリアの統一,ヴィルヘルム2世の治世

問29 **36** マクドナルド
出題意図▶戦間期（第一次世界大戦と第二次世界大戦の間の時期）のイギリスの政治情勢についての知識を確認する。
関連事項▶ヴェルサイユ体制,ロカルノ条約,世界恐慌

問30 **37** ⚠要注意 日米修好通商条約
出題意図▶日米修好通商条約の内容についての知識を確認する。
関連事項▶開港当初の貿易,明治時代の貿易,条約改正

問31 **38** 下関条約
出題意図▶下関条約についての知識を確認する。
関連事項▶伊藤博文,日清戦争,日露戦争,金本位制

第3回

問1(1) **1** ケニアの位置
出題意図▶アフリカ諸国の地図上の位置を正しく把握しているかを確認する。
参考 ①：スーダン,③：ナイジェリア,④：アンゴラ
関連事項▶赤道の位置,本初子午線の位置,アフリカの気候区,アフリカの地域紛争

問1(2) **2** 東京,上海,シンガポール,ドバイの港湾別コンテナ取扱量（2014年）と,2014年の2010年に対する増加率
出題意図▶水上交通についての知識を確認する。
関連事項▶陸上交通,航空交通に関するデータ

問1(3) **3** ケニアの主な輸出品
出題意図▶輸出品目に特徴のある国についての知識を確認する。
関連事項▶モノカルチャー経済,他のアフリカ諸国の主な生産物

問1(4) **4** ⚠要注意 地域紛争
出題意図▶チェチェン問題,フォークランド紛争,カシミール問題,東ティモールの独立など,主な地域紛争についての知識を確認する。
関連事項▶アイルランド問題,ユーゴスラビアの解体など,他の主な地域紛争

問2(1) **5** 参議院
出題意図▶参議院に関する知識を確認する。
関連事項▶衆議院の優越,衆議院議員の選挙制度,国会の権限

問2(2) **6** 日本の選挙権年齢
出題意図▶選挙権年齢が引き下げられたことを知っているかを確認する。
関連事項▶イギリスやアメリカの選挙権年齢

問2(3) **7** ⚠要注意 知的財産権
出題意図▶知的財産権についての知識を確認する。
関連事項▶情報化社会（情報社会）に関する用語

問2(4) **8** 政治的無関心

出題意図▶ 難解な用語の意味を推測できる力があるかを確認する。
関連事項▶ リースマンによる政治的無関心の分類，無党派層

問3　9　☑頻出　需要曲線・供給曲線
出題意図▶ 超過供給や超過需要が起こる要因を理解できているかを確認する。
関連事項▶ 需要曲線・供給曲線がシフトする要因，価格弾力性，労働市場

問4　10　☑頻出　ケインズ
出題意図▶ ケインズの主張を理解できているかを確認する。
関連事項▶ アダム・スミス，リカード，リスト，マルクス，フリードマンの主張

問5　11　！要注意　直接金融
出題意図▶ 直接金融，間接金融，自己資本，他人資本の意味を理解できているかを確認する。
関連事項▶ 日本銀行の金融政策，信用創造

問6　12　☑頻出　日本銀行の金融政策
出題意図▶ 主に現在の日本銀行の金融政策について理解しているかを確認する。
関連事項▶ 日本銀行の役割（「発券銀行」「銀行の銀行」「政府の銀行」）

問7　13　日本の地域別貿易収支の推移
出題意図▶ 日本の地域別・国別の貿易状況を把握できているかを確認する。
関連事項▶ 日本の国際収支の推移，国際収支の各項目の内容，日米貿易摩擦

問8　14　実質経済成長率の計算
出題意図▶ 実質経済成長率の計算方法を習得しているかを確認する。
関連事項▶ 名目・実質の定義，景気動向指数

問9　15　☑頻出　「大きな政府」
出題意図▶ 「大きな政府」の意味を理解しているかを確認する。
関連事項▶ 資本主義経済の発展の歴史，主な経済学者の主張

問10　16　！要注意　ブレトンウッズ体制

出題意図▶ ブレトンウッズ体制についての知識を確認する。
関連事項▶ ドル危機の要因，ニクソン・ショック，固定相場制，変動相場制，管理通貨制度

問11　17　☑頻出　GATT（関税と貿易に関する一般協定）
出題意図▶ GATTについて幅広い知識を持っているかを確認する。
関連事項▶ ラウンド，WTO（世界貿易機関），セーフガード，EPA（経済連携協定）

問12　18　☑頻出　IMF（国際通貨基金）
出題意図▶ IMFについて幅広い知識を持っているかを確認する。
関連事項▶ IBRD（国際復興開発銀行）の役割，世界銀行グループ

問13　19　ASEANの原加盟国
出題意図▶ ASEANの加盟国についての知識を確認する。
関連事項▶ ASEANの人口，貿易額など各種データ

問14　20　！要注意　大気大循環
出題意図▶ 大気大循環の特徴を理解できているかを確認する。
関連事項▶ ケッペンの気候区分，ハイサーグラフ，天気図

問15　21　海岸の地形
出題意図▶ 海岸の地形についての知識を確認する。
関連事項▶ 大地形，小地形

問16(1)　22　☑頻出　ハイサーグラフ
出題意図▶ ハイサーグラフを読み取ることができるかを確認する。
[参考]　①：シカゴ，②：ダカール，③：カイロ，④：上海
関連事項▶ ケッペンの各気候区分の特徴

問16(2)　23　ウクライナのチェルノーゼム地帯
出題意図▶ ウクライナのチェルノーゼム地帯で生産されている作物を知っているか（土壌から推測できるか）を確認する。

関連事項▶ 土壌，植生，小麦の主な生産国，輸出国

問17 [24] !要注意 カナダ
出題意図▶ カナダの特徴についての知識を確認する。
関連事項▶ 多文化理解，各国の分離・独立運動，主な国の電力源構成

問18 [25] ✓頻出 人口ピラミッド
出題意図▶ 人口ピラミッドの特徴や，どの国がどのタイプの人口ピラミッドに当てはまるかを把握できているかを確認する。
関連事項▶ 人口の多い国，人口が減少している国

問19 [26] 日本の米，野菜，大豆，小麦の食料自給率
出題意図▶ 日本の食料自給率について理解しているかを確認する。
関連事項▶ 主な国の食料自給率

問20 [27] ✓頻出 社会契約説
出題意図▶ 社会契約説の内容，社会契約説の立場に立った思想家についての知識を確認する。
関連事項▶ モンテスキューの思想，立憲主義の意味，市民革命

問21 [28] !要注意 刑事事件の被疑者や被告人の権利
出題意図▶ 「総合科目」でたびたび出題される，人身の自由についての知識を確認する。
関連事項▶ 精神の自由，経済の自由に関する日本国憲法の規定

問22 [29] 衆議院の優越
出題意図▶ 衆議院の優越を正しく理解しているかを確認する。
関連事項▶ 他の衆議院が優越している事項（条約の承認，予算の議決など）

問23 [30] 日本の裁判所
出題意図▶ 日本の裁判所や裁判制度について理解しているかを確認する。
関連事項▶ 司法権の独立，違憲立法審査権

問24 [31] !要注意 国際連合の安全保障理事会
出題意図▶ 安全保障理事会についての知識を確認する。
関連事項▶ 他の国連の主要機関，国連の専門機関など各種の機関

問25 [32] アメリカ独立戦争
出題意図▶ アメリカ独立戦争の流れを理解しているかを確認する。
関連事項▶ イギリスの市民革命，フランス革命，アメリカの領土拡張

問26 [33] シモン・ボリバル
出題意図▶ ラテンアメリカ諸国の独立についての知識を確認する。
関連事項▶ アフリカの植民地化，東南アジア諸国の植民地化

問27 [34] 19世紀前半の世界
出題意図▶ 19世紀前半の国際情勢を把握できているかを確認する。
関連事項▶ 19世紀後半の国際情勢

問28 [35] 20世紀前半のロシアまたはソ連
出題意図▶ 日露戦争，第一次世界大戦勃発前後のロシア，ロシア革命についての知識を確認する。
関連事項▶ 世界恐慌時のソ連，第二次世界大戦勃発後のソ連の動向

問29 [36] 日本の産業革命
出題意図▶ 日本の産業革命について把握できているかを確認する。
関連事項▶ イギリスの産業革命，第二次産業革命

問30 [37] 大正時代（1912～1926年）の日本
出題意図▶ 大正時代の日本の主な出来事についての知識を確認する。
関連事項▶ 明治時代の日本の主な出来事

問31 [38] アジア諸地域の動向
出題意図▶ アジア諸地域の動向を細かく把握できているかを確認する。
関連事項▶ 三角貿易，アヘン戦争，アロー戦争，租借

第4回

問1(1) ⬜1 北緯40度付近にある都市
出題意図 北緯40度付近にある都市を知っているかを確認する。
関連事項 ロンドンと同緯度にある都市，赤道が通っている国

問1(2) ⬜2 ☑頻出 人権宣言
出題意図 さまざまな人権に関する宣言についての知識を確認する。
関連事項 イギリスの革命，アメリカ独立革命，フランス革命，ワイマール憲法

問1(3) ⬜3 ！要注意 エスチュアリー
出題意図 海岸に見られる地形についての知識を確認する。
関連事項 大地形，小地形，アメリカの主な都市の位置

問1(4) ⬜4 ！要注意 伊藤博文
出題意図 伊藤博文についての知識を確認する。
関連事項 岩倉使節団，内閣，日清戦争

問2(1) ⬜5 ☑頻出 メルカトル図法の特徴
出題意図 メルカトル図法の特徴を理解しているかを実例で確認する。
関連事項 地球儀，正距方位図法，距離の計算

問2(2) ⬜6 日本とロシア（またはソ連）が締結した条約
出題意図 日本とロシア（ソ連）の歴史的な関わりを理解しているかを確認する。
関連事項 日英同盟，シベリア出兵，ヤルタ協定

問2(3) ⬜7 ロシア，オーストラリア，サウジアラビアから日本が輸入した上位5品目と輸入額に占める割合（2015年）
出題意図 日本の主な輸入国及び輸入品目を把握しているかを確認する。
関連事項 他の主な国からの輸入品上位5品目

問2(4) ⬜8 排他的経済水域
出題意図 排他的経済水域についての知識を確認する。
関連事項 領土・領海・領空の定義，日本の漁業，日本の最南端の島の位置

問3 ⬜9 ☑頻出 経済学者
出題意図 アダム・スミス，マルクス，マルサス，ケインズの主張を理解しているかを確認する。
関連事項 リカード，リスト，シュンペーター，フリードマンの主張

問4 ⬜10 ☑頻出 株式会社
出題意図 株式会社についての知識を確認する。
関連事項 株式会社の資金調達方法

問5 ⬜11 ☑頻出 市場の失敗
出題意図 市場の失敗を理解しているかを確認する。
関連事項 公害，完全競争市場，経済主体，財政の役割

問6 ⬜12 ！要注意 ラムサール条約
出題意図 環境に関する条約についての知識を確認する。
関連事項 環境基本法，環境アセスメント法，循環型社会形成推進基本法

問7 ⬜13 ！要注意 フロー
出題意図 フローとストックについて理解しているかを確認する。
関連事項 国民所得，経済成長率，インフレーション，デフレーション

問8 ⬜14 ！要注意 累進課税
出題意図 累進課税制度を深く理解しているかを確認する。
関連事項 法人税，消費税，直接税・間接税

問9 ⬜15 ☑頻出 需要の価格弾力性
出題意図 需要の価格弾力性を理解しているかを確認する。
関連事項 供給の価格弾力性，完全競争市場

問10 ⬜16 ！要注意 日本の労働環境
出題意図 日本の労働環境について理解しているかを確認する。
関連事項 労働三法，労働組合，日本の社会保

障制度

問11 [17] ⚠要注意 消費者を保護するための日本の法律
出題意図▶ 日本の消費者問題について理解しているかを確認する。
関連事項▶ 消費者の4つの権利，依存効果，デモンストレーション効果，消費者庁

問12 [18] 日本がEPAを締結している国
出題意図▶ 日本がEPAを締結している国を知っているかを確認する。
関連事項▶ FTA（自由貿易協定）やEPAの内容，NAFTA，AFTA（ASEAN自由貿易地域）

問13 [19] ⚠要注意 発展途上国
出題意図▶ 南北問題や南南問題について理解しているかを確認する。
関連事項▶ 資源ナショナリズム，NIES（新興工業経済地域），BRICS，LDC

問14 [20] ✓頻出 為替レート
出題意図▶ 為替レートが円高，円安に動く要因を理解しているかを確認する。
関連事項▶ 円高や円安が日本に及ぼす影響，プラザ合意

問15 [21] GIS（地理情報システム）
出題意図▶ GISについての知識を確認する。
関連事項▶ GNSS（全球測位衛星システム），ハザードマップ，日本の防災対策

問16 [22] ✓頻出 東京・アトランタ間及び東京・ドバイ間の所要時間
出題意図▶ 時差について正確に理解しているかを確認する。
関連事項▶ 日付変更線，回帰線

問17 [23] 主な国の自動車輸出台数の推移
出題意図▶ 自動車の輸出上位国を推測できるかを確認する。
関連事項▶ 航空交通，水上交通に関する各種データ

問18 [24] ✓頻出 EU, AFTA, MERCOSUR, NAFTAの規模

出題意図▶ EU, AFTA, MERCOSUR, NAFTAの各種データについて推測できるかを確認する。
関連事項▶ 主な国の人口，GDP（国内総生産）

問19 [25] 輸送用機械器具，化学工業，鉄鋼業の出荷額上位5位までの都道府県（2014年）
出題意図▶ 各都道府県の産業の特色を理解しているかを確認する。
関連事項▶ 太平洋ベルト，各都道府県の主な農産物

問20 [26] ⚠要注意 異文化理解
出題意図▶ 異文化理解に関する用語の意味を把握しているかを確認する。
関連事項▶ 多民族国家の言語

問21 [27] ✓頻出 法の支配
出題意図▶ 法の支配について理解しているかを確認する。
関連事項▶ ブラクトン，エドワード・コーク，マグナ・カルタ，名誉革命，法治主義

問22 [28] ⚠要注意 経済の自由
出題意図▶ 経済の自由を，具体例でイメージできるかを確認する。
関連事項▶ 精神の自由，人身の自由に関する日本国憲法の規定

問23 [29] ✓頻出 新しい人権
出題意図▶「新しい人権」について理解しているかを確認する。
関連事項▶ 請願権などの請求権，知る権利，パブリシティ権

問24 [30] ✓頻出 日本国憲法の三権分立
出題意図▶ 日本の権力分立のしくみを把握できているかを確認する。
関連事項▶ 国会，内閣，裁判所の権限

問25(1) [31] 1963年の出来事
出題意図▶ 1960年代の国際情勢を把握できているかを確認する。
関連事項▶ 第二次世界大戦後の主な出来事

問25(2) [32] 1984年時点でのアメリカ大統領
出題意図▶ 新冷戦期のアメリカ大統領が誰かを

知っているかを確認する。
関連事項 アメリカの主な歴代大統領

問26 **33** **!要注意** マーシャル・プラン
出題意図 マーシャル・プランについての知識を確認する。
関連事項 トルーマン・ドクトリン,「鉄のカーテン」演説, コミンフォルム, NATO, ワルシャワ条約機構

問27 **34** **!要注意** ナポレオン
出題意図 ナポレオンの政策についての知識を確認する。
関連事項 フランス革命, ウィーン体制, ナポレオン3世

問28 **35** **✓頻出** クリミア戦争
出題意図 クリミア戦争についての知識を確認する。
関連事項 ロシアの国内政治など, クリミア戦争後の情勢

問29 **36** **!要注意** 三角貿易
出題意図 三角貿易についての知識を確認する。
関連事項 アヘン戦争, アロー戦争, 租借, 17～18世紀の三角貿易

問30 **37** 1890年代の日本の状況
出題意図 1890年代の日本の状況を把握できているかを確認する。
関連事項 日清戦争, 大日本帝国憲法, 隈板内閣

問31 **38** 第二次世界大戦後の日本
出題意図 第二次世界大戦後の日本の政治史を理解しているかを確認する。
関連事項 経済の民主化, 高度経済成長, プラザ合意, バブル経済とその崩壊

第5回

問1(1) **1** **!要注意** リアス海岸
出題意図 地形の名前と意味を覚えるだけでなく, 地図を見て, どのような地形かを判断できるかを確認する。
関連事項 フィヨルドがある国, 海岸に見られる地形

問1(2) **2** **!要注意** 第1回のサミット開催の理由
出題意図 サミットが開催された理由を理解できているかを確認する。
関連事項 ニクソン・ショック, 第2次石油危機, 新自由主義

問1(3) **3** サミット参加国
出題意図 サミット参加国を知っているかを確認する。
関連事項 プラザ合意, G20, ロシアのクリミア半島の「編入」

問1(4) **4** 第二次世界大戦後のドイツ
出題意図 ドイツの東西分裂など, 冷戦期のドイツについての知識を確認する。
関連事項 冷戦期の主な出来事, 東欧革命

問2(1) **5** 南アメリカ大陸の気候区の分布
出題意図 南アメリカ大陸の多様な気候区を把握しているかを確認する。
関連事項 アフリカ大陸, オーストラリア大陸の気候区

問2(2) **6** チリの宗主国
出題意図 チリがどの国から独立したのかを知っているかを確認する。
関連事項 ブラジルの宗主国, アフリカ諸国の宗主国

問2(3) **7** **!要注意** APEC（アジア太平洋経済協力）
出題意図 APECに関する知識を確認する。
関連事項 ASEAN, AFTAなどの地域統合の特徴

問2(4) **8** **!要注意** チリの主な輸出品

出題意図 チリの輸出品目の特色を把握しているかを確認する。
関連事項 他の南アメリカ諸国の主な輸出品

問3 ⑨ 規模の経済
出題意図 一定の知識を持ったうえで、文章からヒントを読み取り、正解を推測できる力を持っているかを確認する。
関連事項 需要・供給曲線、寡占・独占など市場の失敗

問4 ⑩ !要注意 家計の経済活動
出題意図 経済主体としての家計や、可処分所得、資産効果などの用語について理解しているかを確認する。
関連事項 他の経済主体（企業・政府）の活動、株式会社の特徴

問5 ⑪ GDPの額
出題意図 与えられた条件から、GDPを算出できるかを確認する。
関連事項 実質経済成長率の計算、累進課税制度の内容

問6 ⑫ ペティ・クラークの法則
出題意図 ペティ・クラークの法則を理解しているかを確認する。
関連事項 産業構造の高度化、第一次産業・第二次産業・第三次産業の意味

問7(1) ⑬ !要注意 財政の機能
出題意図 財政の機能を理解しているかを確認する。
関連事項 租税、国債、財政の硬直化、主な歳出項目

問7(2) ⑭ ビルト・イン・スタビライザー
出題意図 ビルト・イン・スタビライザーの例を把握できているかを確認する。
関連事項 フィスカル・ポリシー、累進課税制度、日本の社会保障制度

問8 ⑮ ✓頻出 日本銀行の金融政策
出題意図 日本銀行の金融政策を理解しているかを確認する。
関連事項 自己資本比率、BIS規制、流動性の罠

問9 ⑯ !要注意 EU
出題意図 「総合科目」で問われやすい、組織の本部が置かれた都市を把握しているかを確認する。
関連事項 国際連盟、IMF、ILO（国際労働機関）、UNEP（国連環境計画）などの本部の位置

問10 ⑰ !要注意 日本、中国、韓国、アメリカの実質経済成長率の推移（1980～2015年）
出題意図 主な国の実質経済成長率の推移の特徴を読み取れるかを確認する。
関連事項 アフリカ諸国、BRICSの経済成長率の推移

問11 ⑱ 南アジアの地形
出題意図 南アジアの大地形について理解しているかを確認する。
関連事項 環太平洋造山帯、アルプス・ヒマラヤ造山帯

問12 ⑲ !要注意 出生率と死亡率の推移（予測を含む）
出題意図 先進国と発展途上国の出生率・死亡率の特徴を理解しているかを確認する。
関連事項 人口ピラミッド、人口上位国、主な国の合計特殊出生率の推移

問13 ⑳ ✓頻出 日本、中国、ドイツ、フランスの発電エネルギー源別割合（2013年）
出題意図 主な国の発電エネルギー源別割合の特徴を理解しているかを確認する。
参考 ①：フランス、②：中国、③：日本
関連事項 主な国の一次エネルギー供給の構成、エネルギー資源の主な生産国・埋蔵国

問14 ㉑ 小麦
出題意図 小麦について、さまざまな知識を持っているかを確認する。
関連事項 米、大豆、トウモロコシに関するさまざまなデータ

問15 22 !要注意 りんご収穫量の上位5都道府県（2014年）
出題意図▶ 各都道府県で生産される主な農産物を把握しているかを確認する。
関連事項▶ 各都道府県で生産される主な野菜

問16 23 ✓頻出 主な宗教
出題意図▶ 主な宗教の特徴を理解しているかを確認する。
関連事項▶ イスラーム教を信仰している人が多い国，パレスチナ問題

問17 24 !要注意 都市
出題意図▶ 都市の機能を理解しているかを確認する。
関連事項▶ 都市問題，村落の形態・機能

問18 25 ✓頻出 ロックの社会契約説
出題意図▶ ロックの社会契約説を詳しく理解しているかを確認する。
関連事項▶ ホッブズ，ルソーの社会契約説の内容及び主著

問19 26 !要注意 単一国家と連邦国家
出題意図▶ 国家の形態について理解しているかを確認する。
関連事項▶ 主な国の選挙制度，二大政党制と多党制の特徴

問20 27 ✓頻出 ワイマール憲法
出題意図▶ ワイマール憲法についての知識を確認する。
関連事項▶ アメリカ合衆国憲法，プロシア憲法の特徴

問21 28 !要注意 地方公共団体の事務の区分
出題意図▶ 地方公共団体（地方自治体）の事務の区分についての知識を確認する。
関連事項▶ 地方自治の本旨の意味，団体自治・住民自治の意味，地方財政

問22 29 7条解散の根拠
出題意図▶ 「総合科目」でときおり出題される，考えて解答する問題に対応できるかを確認する。
関連事項▶ 内閣不信任決議，特別国会（特別会）の召集など，衆議院の解散に関する事項

問23 30 !要注意 表現の自由
出題意図▶ 表現の自由について理解しているかを確認する。
関連事項▶ 人身の自由，経済の自由に関する日本国憲法の規定

問24 31 司法権の独立
出題意図▶ 司法権の独立の意味を把握しているかを確認する。
関連事項▶ 違憲立法審査権，日本国憲法における司法権に関する規定

問25 32 ✓頻出 世界人権宣言と国際人権規約
出題意図▶ 世界人権宣言と国際人権規約についての知識を確認する。
関連事項▶ 難民条約など，人権に関するその他の条約

問26 33 !要注意 警察予備隊が創設された原因
出題意図▶ 1950年代の日本や世界の情勢を把握しているかを確認する。
関連事項▶ 自衛隊，PKO，集団的自衛権

問27 34 ✓頻出 ウィーン会議
出題意図▶ ウィーン会議についての知識を確認する。
関連事項▶ フランス革命，ナポレオン，ウィーン体制の動揺と崩壊

問28 35 19世紀後半のイタリア
出題意図▶ イタリア統一についての知識を確認する。
関連事項▶ ドイツの統一，クリミア戦争，「世界の工場」

問29 36 !要注意 アジア・アフリカ会議
出題意図▶ アジア・アフリカ会議についての知識を確認する。
関連事項▶ 平和五原則，「アフリカの年」，非同盟諸国首脳会議

問30 37 ✓頻出 江戸時代末期の貿易

出題意図　江戸時代末期の貿易について把握しているかを確認する。
関連事項　明治時代の貿易

問31　38　日比谷焼打ち事件
出題意図　日露戦争後の状況を把握しているかを確認する。
関連事項　日清戦争，日露戦争，日本の産業革命

第6回

問1(1)　1　!要注意　自衛隊
出題意図　自衛隊についての知識を確認する。
関連事項　朝鮮戦争，湾岸戦争，PKO

問1(2)　2　インド，中国，オマーン，コスタリカの国防支出総額と軍隊の正規兵力
出題意図　コスタリカの軍事的な特徴を把握しているかを確認する。
参考　①：オマーン，②：中国，④：インド
関連事項　日本国憲法第9条，憲法に侵略戦争を否定する規定を持つ他の国

問1(3)　3　✓頻出　朝鮮戦争
出題意図　朝鮮戦争についての知識を確認する。
関連事項　冷戦構造，東西ドイツの分断，ベトナム戦争

問1(4)　4　自衛隊がPKOで派遣されたことがある国
出題意図　自衛隊とPKOとの関わりについての知識を確認する。
関連事項　スエズ動乱，地域紛争

問2(1)　5　ベルギーの独立
出題意図　ベルギーの独立についての知識を確認する。
関連事項　ベルギーの言語，主なヨーロッパの国から日本が輸入している品目

問2(2)　6　国王の存在する国
出題意図　国王の存在する国についての知識を確認する。
関連事項　主な国の政治体制，政教分離原則

問2(3)　7　✓頻出　イギリスの産業革命
出題意図　イギリスの産業革命について，特に発明家について確認する。
関連事項　他の国で産業革命が起こった時期，第2次産業革命

問2(4)　8　!要注意　ベルギーの言語
出題意図　ベルギーの言語についての知識を確認する。
関連事項　連邦制，スイスの言語，カナダの言語

問3 　9　 ☑頻出　需要曲線・供給曲線
出題意図▶供給曲線がシフトする要因を理解しているかを確認する。
関連事項▶他のシフト要因，完全競争市場，市場の失敗

問4 　10　 ！要注意　独占・寡占
出題意図▶独占や寡占が引き起こす影響を理解しているかを確認する。
関連事項▶他の市場の失敗（公共財，外部性，情報の非対称性），カルテル・トラスト・コンツェルン

問5 　11　 消費税が導入された時期
出題意図▶消費税が導入された当時の日本の情勢を把握しているかを確認する。
関連事項▶消費税の性質，税率の推移，消費税が税収に占める割合

問6 　12　 ！要注意　日本の社会保障制度
出題意図▶日本の社会保障制度の概要を理解しているかを確認する。
関連事項▶日本の高齢化，地域社会，日本の労働問題

問7 　13　 ☑頻出　為替レート
出題意図▶為替レートの変化が財やサービスの価格に与える影響について理解しているかを確認する。
関連事項▶国際収支，固定相場制と変動相場制，金本位制と管理通貨制度

問8(1) 　14　 サッチャーの所属政党
出題意図▶サッチャーについての知識を確認する。
関連事項▶イギリスの二大政党，アメリカの二大政党，日本の主な政党

問8(2) 　15　 ☑頻出　小さな政府
出題意図▶「小さな政府」の立場からの政策を理解しているかを確認する。
関連事項▶フリードマンの主張，レーガン政権の政策，ケインズの主張

問9 　16　 NDP（国内純生産）
出題意図▶国民所得の計算ができるかを確認する。
関連事項▶実質経済成長率の計算，国民所得の各項目の特徴

問10 　17　 ！要注意　近年の日本の経常収支
出題意図▶近年の日本の経常収支の特徴（特に貿易収支，第一次所得収支）を把握しているかを確認する。
関連事項▶2014年に改定された国際収支の各項目の内容，アメリカの貿易収支

問11 　18　 ！要注意　プライマリーバランス
出題意図▶プライマリーバランスの意味を理解しているかを確認する。
関連事項▶財政の機能，租税，国債，財政の硬直化

問12 　19　 ！要注意　第二次世界大戦後の日本の農業
出題意図▶第二次世界大戦後の日本の農業についての知識を確認する。
関連事項▶経済の民主化，高度経済成長，食料・農業・農村基本法の内容

問13 　20　 ☑頻出　比較生産費説
出題意図▶比較生産費説の応用問題に対応できるかを確認する。
関連事項▶リカードの主張，リストの主張，分業の形態

問14 　21　 ☑頻出　国際連合の専門機関や，総会によって設立された機関
出題意図▶さまざまな国際機関について，その役割を把握しているかを確認する。
関連事項▶国連の主要機関，OECD（経済協力開発機構）とDAC（開発援助委員会），IAEA（国際原子力機関）

問15 　22　 ！要注意　ずれる境界
出題意図▶プレートの境界についての知識を確認する。
関連事項▶日本の地形，防災，大地形，小地形

問16 　23　 ！要注意　マダガスカル島の位置
出題意図▶マダガスカル島の地図上の位置を把握しているかを確認する。

関連事項▶主な島の地図上の位置

問17 24 らっかせい，かぶ，ほうれんそう，日本なしの都道府県別生産割合
出題意図▶日本の各都道府県で生産されている農産物の特色を理解しているかを確認する。
関連事項▶主な都道府県の人口，主な都道府県の工業

問18 25 ユーラシア大陸，アフリカ大陸，北アメリカ大陸，南アメリカ大陸，オーストラリア大陸の気候区の面積の割合
出題意図▶各大陸の気候区の特徴を把握しているかを確認する。
参考 ①：オーストラリア大陸，②：アフリカ大陸，③：南アメリカ大陸
関連事項▶日本の各地方の気候，主な国の気候区

問19 26 台風の接近と気団
出題意図▶日本周辺の気団についての知識を確認する。
関連事項▶日本の各地方の気候，天気図

問20 27 ！要注意 日本，アメリカ，ロシア，インドの鉄道の総営業距離と輸送量（2014年）
出題意図▶陸上交通についてのデータを把握しているかを確認する。
関連事項▶水上交通，航空交通に関するデータ

問21 28 ブルーバナナ
出題意図▶世界の主な工業地帯についての知識を確認する。
関連事項▶主な国の工業の特徴，日本の太平洋ベルト

問22 29 BRICSの共通点
出題意図▶南アフリカを除く，BRICSの共通点について把握しているかを確認する。
関連事項▶NIES（新興工業経済地域），LDC，G20

問23 30 ✓頻出 EU，ASEAN，NAFTA，MERCOSURの2014年におけるさまざまな指標
出題意図▶EU，ASEAN，NAFTA，MERCOSURのさまざまな指標を把握しているかを確認する。
参考 ②：EU，③：MERCOSUR，④：ASEAN
関連事項▶EU成立の歴史，ASEAN成立の歴史

問24 31 ✓頻出 ルソー
出題意図▶ルソーの間接民主制批判を，問題文から読み取れるかを確認する。
関連事項▶ホッブズ，ロックの主張の，著書の文章からの読み取り

問25 32 機会の平等と結果の平等
出題意図▶機会の平等または結果の平等をめざす政策について，問題文のヒントから判断できるかを確認する。
関連事項▶男女雇用機会均等法，男女共同参画社会基本法の内容

問26 33 内閣総理大臣
出題意図▶内閣総理大臣についての知識を確認する。
関連事項▶内閣の権限，権力分立，主な歴代の内閣総理大臣

問27 34 官僚制
出題意図▶官僚制についての知識を確認する。
関連事項▶委任立法，知る権利，天下り

問28 35 ！要注意 アフリカの植民地化
出題意図▶アフリカの植民地化の流れを理解しているかを確認する。
関連事項▶東南アジア地域やオセアニア地域の植民地化，ラテンアメリカ諸国の独立

問29 36 ！要注意 『武器よさらば』
出題意図▶戦争をモチーフとした，あるいは戦争が作中に登場する歴史的に有名な小説についての知識を確認する。
関連事項▶戦争をモチーフとした絵画，あるいは戦争が作中に登場する歴史的に有名な絵画

問30 37 1880年代の日本
出題意図▶1880年代の日本の情勢を把握しているかを確認する。
関連事項▶殖産興業政策，大日本帝国憲法，日

清戦争

問31 **38** ⚠️要注意 三国干渉
出題意図▶ 三国干渉についての知識を確認する。
関連事項▶ 伊藤博文，日英同盟，日露戦争

第7回

問1(1) **1** ⚠️要注意 十四か条の平和原則
出題意図▶ ウィルソン大統領についての知識を確認する。
関連事項▶ カント，国際連盟，宣教師外交

問1(2) **2** ヒトラー政権の政策
出題意図▶ ヒトラー政権の政策についての知識を確認する。
関連事項▶ 第一次世界大戦，ワイマール憲法，第二次世界大戦

問1(3) **3** 経済の自由や財産権の保障
出題意図▶ 経済の自由について理解しているかを確認する。
関連事項▶ 人身の自由，精神の自由

問1(4) **4** ⚠️要注意 インフレーション
出題意図▶ インフレーションが起こる要因や，インフレーションが引き起こす影響を理解しているかを確認する。
関連事項▶ デフレーション，スタグフレーション，デフレスパイラル

問2(1) **5** ネルー
出題意図▶ ネルーについての知識を確認する。
関連事項▶ アジア・アフリカ会議，「アフリカの年」，パレスチナ問題

問2(2) **6** カシミール問題
出題意図▶ インドとパキスタンの紛争について理解しているかを確認する。
関連事項▶ 他の地域紛争（ユーゴスラビア紛争，ソマリア問題，「アラブの春」など）

問2(3) **7** バングラデシュの独立
出題意図▶ バングラデシュが独立した経緯を理解しているかを確認する。
関連事項▶ 東ティモールの独立の経緯，南スーダンの独立の経緯

問2(4) **8** ⚠️要注意 貿易
出題意図▶ 貿易に関するさまざまな事項を理解しているかを確認する。
関連事項▶ 比較生産費説，リカードやリストの

主張，ブロック経済

問3 ☑ 9 ✓頻出 アダム・スミス
出題意図▶ アダム・スミスの主張を理解しているかを確認する。
関連事項▶ マルクス，ケインズ，シュンペーター，フリードマンの主張，「小さな政府」と「大きな政府」

問4 ☑ 10 消費者によるサービス購入の例
出題意図▶ 「サービス」の概念を把握できているかを確認する。
関連事項▶ 公共財，国際収支，経済主体，消費者問題

問5 ☑ 11 ✓頻出 景気循環
出題意図▶ 景気循環の名称，要因，周期を覚えているかを確認する。
関連事項▶ 恐慌，好況・不況時の財政政策・金融政策

問6 ☑ 12 ⚠要注意 四大公害
出題意図▶ 日本の四大公害についての知識を確認する。
関連事項▶ 公害対策基本法，環境庁，環境基本法，環境省，ダイオキシン

問7 ☑ 13 ✓頻出 日本，アメリカ，スイス，中国の外貨準備の推移
出題意図▶ 日本と中国の外貨準備の多さ，アメリカの外貨準備の少なさを理解しているかを確認する。
関連事項▶ 国際収支，日本の対外純資産

問8 ☑ 14 デジタル・デバイド
出題意図▶ 情報社会についての用語を知っているかを確認する。
関連事項▶ 知的財産権，インターネット普及率の世界的傾向，スマートフォン普及率の世界的傾向

問9(1) ☑ 15 ⚠要注意 プラザ合意と前川レポート
出題意図▶ プラザ合意後の日本の状況を把握しているかを確認する。
関連事項▶ バブル経済，バブル経済崩壊後，小泉内閣の政策

問9(2) ☑ 16 ⚠要注意 1980年代の日米貿易摩擦
出題意図▶ 日米貿易摩擦についての知識を確認する。
関連事項▶ 日本の国際収支の推移，アメリカの貿易収支の特徴

問9(3) ☑ 17 バブル経済崩壊後の日本
出題意図▶ バブル経済崩壊後の日本の状況を把握しているかを確認する。
関連事項▶ アジア通貨危機，小泉内閣の政策，リーマン・ショック

問10 ☑ 18 ✓頻出 1996年～2015年の日本の経常収支各項目の推移
出題意図▶ 日本の国際収支の特徴を把握しているかを確認する。
関連事項▶ 国際収支の各項目の内容，日本の主な国からの輸入品

問11 ☑ 19 対蹠点
出題意図▶ 対蹠の意味を理解しているかを確認する。
関連事項▶ 主な地域の対蹠点，陸半球，水半球

問12 ☑ 20 地形断面図
出題意図▶ 主な地域の地形断面図をイメージできるかを確認する。
関連事項▶ アルプス・ヒマラヤ造山帯，環太平洋造山帯，プレート

問13 ☑ 21 ⚠要注意 アメリカ，オランダ，シンガポール，ブラジルの貿易額と貿易依存度（2014年）
出題意図▶ 主な国の貿易依存度についての知識を確認する。
関連事項▶ GATT，WTO，輸出加工区，FTA，EPA，地域経済統合

問14 ☑ 22 鉄鉱石，鉛鉱，タングステン鉱，すず鉱の主要生産国（2013年）
出題意図▶ 主な資源の生産国を知っているかを確認する。
関連事項▶ 石炭・石油・天然ガスの主な産出国，

付録　273

電気エネルギー，レアメタル

問15 23 ⚠要注意 2016年時点での日本の人口
出題意図▶ 主な国の人口を把握しているかを確認する。
関連事項▶ 人口ピラミッド，人口上位国，人口密度，人口の多い都道府県

問16 24 三陸海岸の位置
出題意図▶ 日本の特色のある地形を持つ地域についての知識を確認する。
関連事項▶ 日本の都道府県の位置，日本の主な都市の位置，日本の地形

問17 25 産業別人口構成
出題意図▶ 主な国の産業別人口構成の割合と，三角グラフの読み取り方を理解しているかを確認する。
関連事項▶ 第一次産業・第二次産業・第三次産業の意味，南北問題，日本の農業

問18 26 ⚠要注意 日本国内の航空路線別旅客数上位5位（2015年）
出題意図▶ 日本の航空交通を理解しているかを確認する。
関連事項▶ 日本の水上交通・陸上交通に関するデータ，主な国の航空交通に関するデータ

問19 27 国家の三要素
出題意図▶ 国家の三要素を理解しているかを確認する。
関連事項▶ 領土・領海・領空，社会契約説，立憲主義

問20 28 ✓頻出 国際連盟
出題意図▶ 国際連盟についての知識を確認する。
関連事項▶ ウィルソン大統領，ヴェルサイユ体制，ロカルノ条約，不戦条約，ナチス政権

問21 29 天皇の国事行為
出題意図▶ 日本国憲法における天皇の位置づけを理解しているかを確認する。
関連事項▶ 日本国憲法における権力分立，基本的人権

問22 30 自由権・社会権の関係
出題意図▶ 日本国憲法における自由権・社会権を具体的に理解しているかを確認する。
関連事項▶ 平等権，請求権，新しい人権

問23 31 日本の安全保障に関する出来事
出題意図▶ 2000年以降の日本の安全保障体制についての知識を確認する。
関連事項▶ 自衛隊，特定秘密保護法，憲法9条

問24 32 ✓頻出 選挙制度
出題意図▶ 大選挙区制，小選挙区制，比例代表制の特徴を確認する。
関連事項▶ 主な国における大統領や国会議員の選挙制度

問25 33 ヴィクトリア女王の在位中（1837～1901年）の出来事
出題意図▶ 「栄光ある孤立」の時代のイギリスについての知識を確認する。
関連事項▶ 同時代のフランス，ドイツ，ロシア，イタリアの動向

問26 34 ⚠要注意 南北戦争終結後のアメリカの状況
出題意図▶ アメリカの発展について理解しているかを確認する。
関連事項▶ 南北戦争勃発の要因，棍棒外交，パン・アメリカ会議

問27 35 19世紀のロシア
出題意図▶ 19世紀のロシアの動向を把握しているかを確認する。
関連事項▶ 同時代のイギリス，フランス，ドイツ，アメリカの動向

問28 36 ⚠要注意 ヤルタ会談
出題意図▶ ヤルタ会談の内容を把握しているかを確認する。
関連事項▶ 国際連合の成立過程，第二次世界大戦後の国際情勢

問29 37 日米修好通商条約
出題意図▶ 日米修好通商条約の問題点を理解しているかを確認する。
関連事項▶ 貿易開始直後の日本の状況，岩倉使

節団，日本の近代化政策

問30 **38** 満州への進出
出題意図 20世紀前半の中国をめぐる情勢を把握しているかを確認する。
関連事項 日清戦争，日露戦争，第一次世界大戦と日本

第8回

問1(1) **1** アメリカ初代大統領
出題意図 アメリカの初代大統領についての知識を確認する。
関連事項 アメリカの主な歴代大統領とその所属政党

問1(2) **2** 政治システムの有効性と正統性
出題意図 与えられた条件から正答を導く力を持っているかを確認する。
関連事項 二大政党制と多党制の特徴，55年体制

問1(3) **3** ☑頻出 GATT
出題意図 GATTについての知識を確認する。
関連事項 ラウンド，WTO，FTA，EPA

問1(4) **4** !要注意 共和党
出題意図 アメリカで共和党が結成された経緯を把握しているかを確認する。
関連事項 アメリカの二大政党，イギリスの二大政党

問2(1) **5** エチオピアの位置
出題意図 アフリカ諸国の地図上の位置を正しく把握しているかを確認する。
参考 ②：タンザニア，③：チュニジア，④：ナイジェリア
関連事項 赤道の位置，本初子午線の位置，アフリカの気候区，アフリカの地域紛争

問2(2) **6** コーヒー栽培に適した間帯土壌
出題意図 主な土壌についての知識を確認する。
関連事項 植生，ケッペンの気候区分

問2(3) **7** 日本の航空交通
出題意図 日本の航空交通を理解しているかを確認する。
関連事項 日本の水上交通，陸上交通

問2(4) **8** !要注意 主な国のODA（政府開発援助）の実績総額（支出純額ベース）と対GNI比（2014年）
出題意図 ODAについての知識を確認する。
関連事項 南北問題，南南問題，国際連合の分

担金

問3 9 自由財
出題意図 一定の知識を持ったうえで，文章からヒントを読み取り，正解を推測できる力を持っているかを確認する。
関連事項 需要曲線・供給曲線，補完財，代替財

問4 10 **!要注意** スタグフレーション
出題意図 スタグフレーションについて理解しているかを確認する。
関連事項 インフレーション，デフレーション，デフレスパイラル，第1次石油危機

問5 11 **!要注意** 日本の財政
出題意図 日本の財政についての知識を確認する。
関連事項 租税，主な歳出項目，財政の機能

問6 12 日本の地域社会の状況
出題意図 日本の地域社会の状況を把握しているかを確認する。
関連事項 高齢化社会，都市問題，限界集落

問7 13 日本，アメリカ，ユーロ圏15か国の家計の貯蓄率の推移（1995～2015年）
出題意図 日本の家計の貯蓄率が近年急降下していることを知っているかを確認する。
関連事項 高齢化社会，バブル経済の崩壊，日本の労働問題

問8 14 日本，韓国，フランス，スペインの失業率の推移（1995～2015年）
出題意図 スペインの失業率が恒常的に高めなこと，失業率が景気動向と関連していることを理解しているかを確認する。
関連事項 アジア通貨危機，小泉内閣の政策，リーマン・ショック，ギリシャ危機

問9 15 **!要注意** 「消費者の4つの権利」
出題意図 「消費者の4つの権利」を把握しているかを確認する。
関連事項 日本の消費者保護に関する法律

問10 16 **!要注意** GDPに算入される項目
出題意図 GDPに算入される項目を理解しているかを確認する。
関連事項 国民所得のさまざまな項目，主な国のGDP

問11 17 **!要注意** 日本の主な国税の税収の推移（1990～2016年度）
出題意図 日本の所得税，法人税，消費税の税収が景気動向や税率の変更と関連していることを理解しているかを確認する。
関連事項 消費税の特徴，累進課税制度，日本の主な歳出項目の割合の推移

問12 18 発展途上国の貧困削減
出題意図 発展途上国の貧困削減に対する近年の取り組みに関する知識を確認する。
関連事項 マイクロクレジット，SDGs，ハンガーマップ，HDI（人間開発指数），人間の安全保障

問13 19 日本の企業
出題意図 日本の企業についての知識を確認する。
関連事項 日本の中小企業の特徴，無限責任，直接金融と間接金融

問14 20 **!要注意** 東京から見て真東の方向にある都市
出題意図 メルカトル図法の印象に惑わされず，東京から見て真東の方向にある都市を選べるかを確認する。
関連事項 正距方位図法，メルカトル図法，緯度・経度

問15 21 **!要注意** 栽培限界
出題意図 主な農作物の栽培限界についての知識を確認する。
関連事項 主な農作物の起源，世界の農業地域区分

問16(1) 22 ケッペンの気候区分と植生
出題意図 ケッペンの気候区分と植生の関係を理解しているかを確認する。
関連事項 各気候区分の特徴，さまざまな植生の特徴

問16(2) 23 ✓頻出 ハイサーグラフ
出題意図▶ ハイサーグラフの読み取り方を理解しているかを確認する。
関連事項▶ 各気候区分の特徴，雨温図の読み取り方

問17 24 石炭
出題意図▶ 石炭についての知識を確認する。
関連事項▶ 石油・天然ガスの主な産出国，産出量，可採年数

問18 25 ！要注意 天気図
出題意図▶ 特徴的な天気における天気図を読み取ることができるかを確認する。
関連事項▶ 日本の主な地域の気候，日本の主な地形

問19 26 ！要注意 日本，ブラジル，カナダ，パプアニューギニアの森林面積，森林面積の対国土面積比，木材伐採高（2013または2014年）
出題意図▶ 主な国の林業の状況を把握しているかを確認する。
関連事項▶ 主な国の水産業，熱帯林の破壊，森林の種類

問20 27 日本の都道府県
出題意図▶ 太平洋ベルト，在留外国人，ハザードマップ，米の栽培についての知識を確認する。
関連事項▶ 日本の主な工業地帯，防災，都道府県の主な農産物

問21 28 ✓頻出 人権や民主政治の歴史的展開
出題意図▶ 主な人権宣言や民主政治の歴史についての知識を確認する。
関連事項▶ 社会契約説，モンテスキュー，立憲主義，ワイマール憲法

問22 29 ✓頻出 「新しい人権」
出題意図▶ 「新しい人権」について理解しているかを確認する。
関連事項▶ 自由権，社会権，平等権

問23 30 ✓頻出 人身の自由
出題意図▶ 人身の自由を実現するためのさまざまな原則を理解しているかを確認する。
関連事項▶ 精神の自由，経済の自由，平等権，社会権

問24 31 ！要注意 主権国家
出題意図▶ 主権国家体制が作られた契機について理解しているかを確認する。
関連事項▶ 国際法（条約・国際慣習法），常設仲裁裁判所，NGO（非政府組織）

問25 32 ✓頻出 国際司法裁判所
出題意図▶ 国際司法裁判所についての知識を確認する。
関連事項▶ 国際刑事裁判所（ICC），常設国際司法裁判所，他の国際連合の主要機関

問26 33 ！要注意 ユネスコ
出題意図▶ ユネスコについての知識を確認する。
関連事項▶ 主な世界遺産，主な国際連合の専門機関・補助機関

問27 34 アメリカの領土拡張
出題意図▶ アメリカの領土拡張についての知識を確認する。
関連事項▶ 19世紀アメリカの外交，南北戦争，南北戦争後のアメリカの工業化

問28 35 ✓頻出 ビスマルク
出題意図▶ ビスマルクについての知識を確認する。
関連事項▶ フランクフルト国民議会，小ドイツ主義・大ドイツ主義，アメとムチの政策，世界政策

問29 36 ！要注意 19世紀後半以降のオスマン帝国またはトルコ共和国
出題意図▶ オスマン帝国の衰退やトルコ共和国の誕生について理解しているかを確認する。
関連事項▶ クリミア戦争，19世紀後半以降のバルカン半島の情勢，第一次世界大戦

問30 37 ！要注意 日本が結んだ条約
出題意図▶ 「開国」後から第一次世界大戦終結後に至る期間に日本が結んだ主な条約についての知識を確認する。
関連事項▶ 日清修好条規，日朝修好条規，不戦条約，日独伊三国同盟，日ソ中立条約

問31 [38] 世界恐慌が日本に及ぼした影響
出題意図▶ 世界恐慌が日本に及ぼした影響を理解しているかを確認する。
関連事項▶ ブロック経済，高橋財政，為替ダンピング，政党内閣の終焉

第9回

問1(1) [1] ！要注意 日本がアメリカ，カナダ，オーストラリア，タイから輸入した品目の上位5品目とその割合（2015年）
出題意図▶ 日本の主な国からの輸入品目についての知識を確認する。
関連事項▶ 主な国の輸出品目，日本の食料自給率，垂直貿易，水平貿易

問1(2) [2] 関税同盟
出題意図▶ EUの域内関税・域外関税の設定についての知識を確認する。
関連事項▶ 最恵国待遇，ラウンド，その他の地域経済統合の関税の設定

問1(3) [3] シャルル・ド・ゴール
出題意図▶ シャルル・ド・ゴールの政策についての知識を確認する。
関連事項▶ 冷戦構造，第三世界，アフリカ諸国や東南アジア諸国の独立

問1(4) [4] ！要注意 フランスとドイツの現在の政治制度
出題意図▶ フランスとドイツの現在の政治制度について理解しているかを確認する。
関連事項▶ アメリカ・イギリスの政治制度，日本の三権分立

問2(1) [5] 2016年末時点でCISに加盟している国
出題意図▶ CIS（独立国家共同体）についての知識を確認する。
関連事項▶ ソ連の構成国，ゴルバチョフ，ロシアの政治制度

問2(2) [6] シベリア鉄道と戦争
出題意図▶ シベリア鉄道と日露戦争の関わりについての知識を確認する。
関連事項▶ ポーツマス条約，ロシア革命，日本の新幹線の路線

問2(3) [7] ロシアの地形
出題意図▶ ロシアの主な地形についての知識を確認する。
関連事項▶ 大地形，小地形，プレート，アフリ

カの地形

問2(4) **8** ⚠要注意 モノカルチャー経済
出題意図▶ モノカルチャー経済について理解しているかを確認する。
関連事項▶ 南北問題，南南問題，モノカルチャー経済の国の輸出品目

問3 **9** 1990年代に起こった出来事
出題意図▶ 1990年代の世界の状況を把握しているかを確認する。
関連事項▶ ニクソン・ショック，1980年代の世界経済，2000年代の世界経済

問4 **10** ☑頻出 経済主体
出題意図▶ 各経済主体の経済活動について理解しているかを確認する。
関連事項▶ 株式会社，可処分所得，財政の機能

問5 **11** ⚠要注意 労働市場
出題意図▶ 労働市場について理解しているかを確認する。
関連事項▶ 需要曲線・供給曲線，完全競争市場，賃金の下方硬直性，日本の労働問題

問6 **12** ⚠要注意 日本，中国，アメリカ，インドの二酸化炭素（CO_2）排出量
出題意図▶ 主な国の二酸化炭素排出量についての知識を確認する。
関連事項▶ 国連人間環境会議，国連環境開発会議，京都議定書，パリ協定，環境保護に関する条約

問7 **13** ☑頻出 日本の環境問題への取り組み
出題意図▶ 日本の環境問題への取り組みについての知識を確認する。
関連事項▶ 四大公害，環境アセスメント法，循環型社会形成推進基本法

問8 **14** ☑頻出 経済学者とその著書
出題意図▶ 主な経済学者の著書を知っているかを確認する。
関連事項▶ アダム・スミス，リカード，リスト，マルクス，ケインズ，フリードマンの主張

問9 **15** 価格の上昇を防ぐ政策の導入
出題意図▶ 政府による経済への介入の効果を理解しているかを確認する。
関連事項▶ 代替財，補完財，価格弾力性

問10 **16** ☑頻出 比較生産費説
出題意図▶ 比較優位や特化の意味を理解できているかを確認する。
関連事項▶ リカードやリストの主張の内容，著書，活躍した年代

問11 **17** ⚠要注意 日本における，第一次産業，第二次産業，第三次産業がGDPに占める割合の推移
出題意図▶ 日本における，第一次産業，第二次産業，第三次産業の状況を把握しているかを確認する。
関連事項▶ 主な国の第一次産業，第二次産業，第三次産業のそれぞれの割合

問12 **18** ☑頻出 第二次世界大戦後の日本の経済の復興や民主化
出題意図▶ 第二次世界大戦後の日本の経済の復興や民主化についての知識を確認する。
関連事項▶ ドッジ・ライン，朝鮮戦争，高度経済成長

問13 **19** ☑頻出 名目GDPと為替レート
出題意図▶ 為替レートの変動について理解しているかを確認する。
関連事項▶ 為替レートの変動と預金，固定相場制と変動相場制，プラザ合意

問14 **20** 対蹠点
出題意図▶ 対蹠点の意味を理解しているかを確認する。
関連事項▶ 日本の対蹠点，地球儀，回帰線

問15 **21** ☑頻出 時差の計算
出題意図▶ 時差の計算方法が身についているかを確認する。
関連事項▶ 日本の標準時子午線，日付変更線，サマータイム

問16 **22** ⚠要注意 便宜置籍国
出題意図▶「総合科目」でたびたび出題される，

リベリアの特徴を把握しているかを確認する。
関連事項▶ アフリカの植民地化，パナマ運河・スエズ運河の歴史

問17(1) 23 !要注意 イスラエル
出題意図▶ イスラエルについての知識を確認する。
関連事項▶ フセイン・マクマホン協定，バルフォア宣言，パレスチナ問題

問17(2) 24 エルサレム
出題意図▶ 宗教都市エルサレムについての細かい知識を確認する。
関連事項▶ 三大宗教（キリスト教，イスラーム教，仏教）の概要

問18 25 !要注意 アメリカ，イタリア，トルコ，韓国の食料自給率（2011年）
出題意図▶ 主な国の食料自給率についての知識を確認する。
関連事項▶ 日本など主な国の食料自給率の推移，日本の米や小麦など主要な農産物の自給率

問19 26 !要注意 東京都，島根県，宮城県，沖縄県の合計特殊出生率，人口の社会増減率，高齢化率（2014年）
出題意図▶ 各都道府県の特徴を把握しているかを確認する。
関連事項▶ 日本など主な国の合計特殊出生率の推移，都市問題，過疎化

問20 27 シンガポール，タイ，ブルネイ，フィリピンの一人当たりGNI，耕地・樹園地の面積，輸出額（2013または2014年）
出題意図▶ 東南アジア諸国について，農産物，資源，貿易依存度などの特徴を把握しているかを確認する。
関連事項▶ 主な国の農産物，資源，貿易依存度，1人あたりGNI

問21 28 !要注意 日本，中国，インド，インドネシアの漁業生産量の推移
出題意図▶ 日本の漁業生産量の推移についての知識を確認する。
参考 B：中国，C：インド，D：インドネシア

関連事項▶ 日本の主な水産物の輸入国と輸入品目，日本の漁業別漁獲量の推移

問22 29 ✓頻出 社会契約説
出題意図▶ 社会契約説の内容，社会契約説の立場に立った思想家についての知識を確認する。
関連事項▶ モンテスキューの思想，立憲主義の意味，市民革命

問23 30 ✓頻出 人権の国際化
出題意図▶ 国際人権規約など，人権に関するさまざまな条約についての知識を確認する。
関連事項▶ 世界人権宣言，日本が国際人権規約批准の際に留保した規定

問24 31 !要注意 難民
出題意図▶ 難民についての知識を確認する。
関連事項▶ シリア内戦などの地域紛争，NGO，PKO

問25 32 !要注意 条例
出題意図▶ 条例についての知識を確認する。
関連事項▶ 首長・地方議会議員の選挙制度，自治事務と法定受託事務，地方財政

問26 33 日本国憲法が議院内閣制を採用していることの根拠
出題意図▶ 近年の「総合科目」でときおり出題される，考えさせる問題に慣れてもらうことを意図している。
関連事項▶ 国会・内閣・裁判所の権限，イギリス・アメリカの政治制度

問27 34 ✓頻出 フランス革命
出題意図▶ フランス革命についての知識を確認する。
関連事項▶ イギリスの革命，権利章典，アメリカ独立革命，アメリカ独立宣言

問28 35 !要注意 西部のフロンティア消滅後のアメリカの状況
出題意図▶ 19世紀後半以降のアメリカについての知識を確認する。
関連事項▶ 同時期のイギリス，フランス，ドイツ，ロシアの動向

問29 36 ⚠要注意 冷戦期の国際情勢
出題意図▶冷戦期の国際情勢についての知識を確認する。
関連事項▶核兵器に関する条約，第三世界，新冷戦，アメリカ同時多発テロ

問30 37 第二次世界大戦以前の日本の政党
出題意図▶日本の政党に関する歴史についての知識を確認する。
関連事項▶第二次世界大戦後の日本の主な政党，主な内閣の政策

問31 38 1960年代の日本に関する出来事
出題意図▶1960年代の日本の状況を把握しているかを確認する。
関連事項▶戦後復興と民主化，ドッジ・ライン，日本列島改造論，減量経営

第10回

問1(1) 1 ⚠要注意 ヴェルサイユ条約
出題意図▶ヴェルサイユ条約の内容についての知識を確認する。
関連事項▶ヴェルサイユ体制，ワシントン会議，ロカルノ条約，不戦条約，世界恐慌，ナチス政権

問1(2) 2 日本の労働問題
出題意図▶日本の労働問題についての知識を確認する。
関連事項▶労働問題の歴史，労働三権，労働三法，日本の社会保障制度

問1(3) 3 ✓頻出 国際連合
出題意図▶国際連合についての知識を確認する。
関連事項▶国際連盟，大西洋憲章，ダンバートン・オークス会議，サンフランシスコ会議

問1(4) 4 ⚠要注意 ジュネーヴの位置
出題意図▶世界の主な都市の地図上の位置を把握しているかを確認する。
参考 ①：プラハ，②：ウィーン，③：ミュンヘン
関連事項▶国の世界地図上の位置，日本の都道府県や主な都市の地図上の位置

問2(1) 5 独立後のメキシコ
出題意図▶メキシコの独立後の歴史についての知識を確認する。
関連事項▶ラテンアメリカ諸国の独立後の歴史，東南アジアやアフリカの植民地化

問2(2) 6 日本，アメリカ，インド，オーストラリアの一次エネルギーの自給率と人口一人当たり供給（2013年）
出題意図▶主な国の資源や人口，経済発展の知識をもとに，表を読み解く力を持っているかを確認する。
関連事項▶石炭・石油・天然ガスの主な産出国，電気エネルギー，人口の多い国

問2(3) 7 輸入代替型工業
出題意図▶輸入代替型工業の意味を理解しているかを確認する。

関連事項 輸出加工区，開発独裁，モノカルチャー経済，南北問題

問2 (4) 8 1990年代のメキシコの貿易に関する協定
出題意図 TPP（環太平洋パートナーシップ）協定，MERCOSUR，NAFTAに関する知識や，日本とEPAを締結した国・地域についての知識を確認する。
関連事項 EU，EFTA，ASEAN，AFTA，APECの概要

問3 9 利子率と貸借される資金量
出題意図 需要曲線・供給曲線について深く考える力を持っているかを確認する。
関連事項 需要曲線・供給曲線がシフトする要因，超過供給，超過需要，価格弾力性，労働市場

問4 10 !要注意 日本，アメリカ，イギリス，フランス，ドイツ，スウェーデンの国民負担率（2013年または2013年度）
出題意図 主な国の国民負担率についての知識を確認する。
関連事項 社会保障制度の分類（北欧型，大陸型，混合型）

問5 11 付加価値の計算
出題意図 付加価値の計算方法を身につけているかを確認する。
関連事項 国民所得の意味，実質経済成長率の計算

問6 12 !要注意 国際収支
出題意図 具体例を通して，国際収支の各項目の内容を理解しているかを確認する。
関連事項 日本の国際収支の推移，アメリカの貿易収支の特徴

問7 13 !要注意 ブレトンウッズ体制
出題意図 ブレトンウッズ体制の特色とその崩壊についての知識を確認する。
関連事項 固定相場制と変動相場制，SDR（特別引き出し権），スミソニアン協定，キングストン合意

問8 14 ✓頻出 新自由主義
出題意図 新自由主義に関する事項についての知識を確認する。
関連事項 ケインズの主張，マネタリズム，大きな政府と小さな政府

問9 15 ✓頻出 地球環境問題
出題意図 地球環境問題に関する国際会議について理解しているかを確認する。
関連事項 環境保護に関する条約，京都議定書

問10 16 ✓頻出 租税
出題意図 租税に関する事項についての知識を確認する。
関連事項 日本における所得税・法人税・消費税の税収の推移，プライマリーバランス

問11 17 !要注意 リスト
出題意図 リストの主張を理解しているかを確認する。
関連事項 アダム・スミス，リカード，マルクス，ケインズ，シュンペーター，フリードマンの主張

問12 18 !要注意 高度経済成長期
出題意図 日本の高度経済成長期についての知識を確認する。
関連事項 朝鮮戦争，IMF8条国，GATT11条国，OECD加盟，狂乱物価，第1次石油危機

問13 19 バンコク，カラチ，アンカラ，チューリヒの雨温図
出題意図 都市の地図上の位置を把握しているか，また，その都市の地域がどの気候区に属しているかについての知識を確認する。
関連事項 ハイサーグラフ，植生，主な国や都市の地図上の位置

問14 20 !要注意 大気大循環
出題意図 大気大循環の特徴を理解できているかを確認する。
関連事項 ケッペンの気候区分，ハイサーグラフ，天気図

問15 21 !要注意 地球儀
出題意図 地球儀についての知識を確認する。

関連事項 メルカトル図法，正距方位図法，緯度・経度，日付変更線

問16 [22] 地中海に面している国
出題意図 地中海に面している国についての知識を確認する。
関連事項 カスピ海・黒海など特徴的な湖や海に面している国，国際河川に面している国

問17 [23] 小麦，米，トウモロコシ，大豆の輸出上位5か国と，日本の輸入量とその国別順位（2013年）
出題意図 主な穀物の輸出上位国についての知識や，日本の農産物の輸入についての知識を確認する。
関連事項 小麦・米・トウモロコシ・大豆の生産上位国，土壌，日本における米の生産量が上位の都道府県

問18 [24] 年間水揚量25,000t以上の漁港の所在地（2013年），自動車工場の所在地，半導体工場の所在地（2015年），石油化学コンビナートの所在地（2014年）
出題意図 日本の主な漁港の地図上の位置，主な自動車工場の地図上の位置，主な半導体工場の地図上の位置，太平洋ベルトについての知識を確認する。
参考 ①：石油化学コンビナート，②：半導体工場，④：漁港
関連事項 都道府県の地図上の位置，人口の多い都道府県，在留外国人の多い都道府県

問19 [25] 地形図
出題意図 地形図の読み取り方を理解しているかを確認する。
関連事項 日本の地形，防災，大地形，小地形

問20 [26] 族議員
出題意図 日本の政治の特徴を理解しているかを確認する。
関連事項 政治的無関心，55年体制，圧力団体（利益集団）

問21 [27] ！要注意 行政国家化の一般的な特徴
出題意図 行政国家の特徴を理解しているかを確認する。
関連事項 官僚制，公務員の憲法尊重擁護義務，「全体の奉仕者」

問22 [28] 国民の義務
出題意図 日本国憲法に規定されている国民の義務を覚えているかを確認する。
関連事項 日本国憲法に規定されているさまざまな権利

問23 [29] ✓頻出 社会権
出題意図 社会権の内容を理解しているかを確認する。
関連事項 ワイマール憲法，自由権・参政権・社会権成立の歴史

問24 [30] ！要注意 国会
出題意図 国会のさまざまな規定についての知識を確認する。
関連事項 日本の権力分立，衆議院・参議院の選挙制度，憲法改正の手続き

問25 [31] ！要注意 日本の選挙制度
出題意図 日本の選挙制度について理解しているかを確認する。
関連事項 地方の選挙制度，イギリスやアメリカの選挙制度

問26 [32] ✓頻出 イギリスの政治制度
出題意図 イギリスの政治制度について理解しているかを確認する。
関連事項 アメリカ，フランス，ロシアの政治制度

問27 [33] ✓頻出 イギリスの産業革命
出題意図 イギリスの産業革命についての知識を確認する。
関連事項 他の国で産業革命が起こった時期

問28 [34] ！要注意 19世紀後半のヨーロッパ
出題意図 19世紀後半のヨーロッパの情勢を把握しているかを確認する。
関連事項 第一次世界大戦勃発までのヨーロッパの情勢

問29 35 冷戦初期の情勢
出題意図 冷戦期の国際情勢についての知識を確認する。
関連事項 雪解け，キューバ危機，デタント，新冷戦，ゴルバチョフ，マルタ会談

問30 36 ☑頻出 東欧諸国の民主化
出題意図 東欧諸国の民主化についての知識を確認する。
関連事項 ユーゴスラビア紛争，東欧諸国の地図上の位置，EUやNATOの東方拡大

問31 37 ！要注意 明治政府の1870年代の政策
出題意図 1870年代の日本の状況を把握しているかを確認する。
関連事項 開港当初の日本の貿易の状況，明治十四年の政変，伊藤博文，大日本帝国憲法

問32 38 ！要注意 第一次世界大戦後の日本
出題意図 第一次世界大戦後の日本の状況を把握しているかを確認する。
関連事項 普通選挙制，治安維持法，政党内閣，協調外交，満州事変，国際連盟脱退

総合科目 解答用紙

受験番号	名前

[マーク例]

良い例	悪い例
●	◐ ⊗ ◎

鉛筆（HB）でマークしてください。

問題番号	解答欄			
	1	2	3	4
1	①	②	③	④
2	①	②	③	④
3	①	②	③	④
4	①	②	③	④
5	①	②	③	④
6	①	②	③	④
7	①	②	③	④
8	①	②	③	④
9	①	②	③	④
10	①	②	③	④
11	①	②	③	④
12	①	②	③	④
13	①	②	③	④
14	①	②	③	④
15	①	②	③	④
16	①	②	③	④
17	①	②	③	④
18	①	②	③	④
19	①	②	③	④
20	①	②	③	④

問題番号	解答欄			
	1	2	3	4
21	①	②	③	④
22	①	②	③	④
23	①	②	③	④
24	①	②	③	④
25	①	②	③	④
26	①	②	③	④
27	①	②	③	④
28	①	②	③	④
29	①	②	③	④
30	①	②	③	④
31	①	②	③	④
32	①	②	③	④
33	①	②	③	④
34	①	②	③	④
35	①	②	③	④
36	①	②	③	④
37	①	②	③	④
38	①	②	③	④
39	①	②	③	④
40	①	②	③	④

問題番号	解答欄			
	1	2	3	4
41	①	②	③	④
42	①	②	③	④
43	①	②	③	④
44	①	②	③	④
45	①	②	③	④
46	①	②	③	④
47	①	②	③	④
48	①	②	③	④
49	①	②	③	④
50	①	②	③	④
51	①	②	③	④
52	①	②	③	④
53	①	②	③	④
54	①	②	③	④
55	①	②	③	④
56	①	②	③	④
57	①	②	③	④
58	①	②	③	④
59	①	②	③	④
60	①	②	③	④

行知学園の指導であなたの未来が変わる！

- ニーズに応える豊富なコース
- 講師陣の圧倒的な指導力
- 充実したオリジナル教材

行知学園から**3年連続**で日本留学試験（EJU）総合点**日本全国1位**を輩出!!

年	系	順位	氏名
2016年	理系	日本全国1位	洪 木子
	文系	日本全国1位	江 揚戈
2015年	文系	日本全国1位	庄 源
2014年	文系	日本全国1位	王 凱易

難関大学、有名大学に次々合格!!

業界トップの合格実績！
※2017年度実績

東京大学	10名
京都大学	7名
大阪大学	6名
一橋大学	14名
東京工業大学	12名
慶應義塾大学	49名
早稲田大学	86名

行知学園への入学申込み、お問合せ、ご相談は
下記、管理本部の電話もしくはファックスへ！

■ 管理本部
〒169-0073
東京都新宿区百人町2-8-15　ダヴィンチ北新宿 4F
TEL 03-5937-6597　FAX 03-5937-6598

1984년 설립!
오랜 경험과 다양한 실적
글로벌 시대의 인재 육성에 노력을 다하고 있습니다.

글로벌 인재육성, 1984년설립
(주)해외교육사업단
www.hedgroup.co.kr

유학생

수준높은 교육

성공유학

정확한 수속

학교 **HED**

긴밀한 제휴

공신력 · 안전성 · 책임성을
바탕으로 합니다!

HED의 수속분야

- 장기어학연수
- 단기어학연수
- 대학원유학
- 고등학교유학
- 대학유학
- 전문학교유학
- 수학여행
- 기업체연수

수속대행 주요내용

- 유학의 검토, 준비과정을 심층 상담해 드립니다.
- 자신에게 가장 알맞는 학교선택을 도와 드립니다.
- 합격을 위한 수험준비 · 입시내용을 지도해 드립니다.
- 입학허가 · 비자수속이 정확하게 진행되게 도와 드립니다.
- 기숙사 · 항공편 · 국제전화카드 · 국제학생증 · 여행보험을 대행합니다.
- 일본에서의 유학생활이 안정되도록 도와 드립니다.
- 진로지도 서포트 시스템을 갖추고 있습니다.

본원 약도

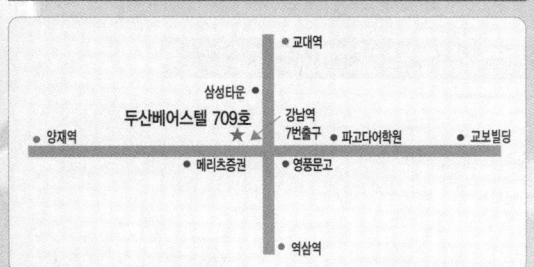

문의 / 접수

● 본원
서울시 서초구 서초동 1319-11 두산베어스텔 709호
전화 : 02-552-1010(대표)
팩스 : 02-552-1062
이메일 : hedc@hed.co.kr

● 긴급전화
H.P : 010-6207-6404

편저

일본유학시험(EJU) 모의시험(10회분) 종합과목

발 행 일 :	2017년 11월 1일 초판1쇄
	2019년 5월 31일 초판2쇄
	2024년 5월 10일 초판3쇄
편 저 자 :	코치학원 종합과목 교재개발팀
펴 낸 이 :	송부영
펴 낸 곳 :	(주)해외교육사업단
등록일자 :	1997년 4월 14일
등록번호 :	제 16-1456
주 소 :	서울시 서초구 강남대로 381
전 화 :	02-736-1010
팩 스 :	02-552-1062
이 메 일 :	song@hed.co.kr

* 이 교재의 내용을 사전 허가 없이 전재하거나 복제할 경우 법적인 제재를 받게 됨을 알려드립니다.
* 잘못된 책은 구입하신 서점이나 본사에서 교환해 드립니다.

ⓒ2017 Coach Academy Co., Ltd.

ISBN 979-11-85979-13-7

이 도서의 국립중앙도서관 출판예정도서목록(CIP)은 서지정보유통지원시스템 홈페이지(http://seoji.nl.go.kr)와 국가자료공동목록시스템(http://www.nl.go.kr/kolisnet)에서 이용하실 수 있습니다. (CIP제어번호: CIP2017027687)